JN410060

암반의 뒤척임

국립중앙도서관 출판예정도서목록(CIP)

암반의 뒤척임 : 김대곤 시집 / 지은이: 김대곤. -- 대전 :
지혜 : 애지, 2016
p. ; cm. -- (지혜사랑 ; 158)

ISBN 979-11-5728-209-8 03810 : ₩10000

한국 현대시[韓國現代詩]

811.7-KDC6
895.715-DDC23 CIP2016024307

지혜사랑 158

암반의 뒤척임

김대곤

지혜

시인의 말

청명한 가을 아침, 새소리 들린다.
생애 징검다리 하나 건너 뛴 것 마음 무겁다.
지나온 일들을 반성하는 게 어디 한둘이 아니지 않는가?
지난 여름 폭염, 더웠던 만큼 가을은 상큼하다.
가을 모기 조심해야지

내게 주어진 만큼만 심취하며 살아갈
쓰고 그릴 일들이 있어 쓸쓸하지 않겠지만
모든 물상의 생명과 현상을 경외하며 살아야겠다.
그 의미들을 탐구하며

충실한 하루가 되길 빈다.

2016년 가을
김대곤

차례

2부 설산에 묻힌

3부 저녁 수목원

4부 산티아고 가는 길

• 일러두기
한 연이 첫 번째 행에서 시작될 때는 > 로 표시합니다.

1부

계절의 과오

겨울 산골

발자국 소리 없이
두고 간 낮달이 하늘에 걸리고
들판에 이내 부유한 하루가 지나
찬 외피에 어둠이 문 두드릴 때
마른 풀잎 위 희미한 빛의 촉수가 일어서는 저녁
희고 깨끗한 달빛 젖어
눈감아 강물은 얼고 있으리라
깊고 푸른 일렁임 껴안고
산그늘마저도 굳어가는 겨울 밤
멀리 어른거리는 불빛들의
묶음이 된 생각
그대 강 속에 가두고
봄이 오기를 거부하는 이 계절의 과오
손가락 끝으로 더듬어 정독하는
한 페이지의 허공에
반짝이는 시간 아래 흔들리는 추위 같은 추억들
나 그대를 빙결처럼 사랑했으므로

잃어버린 시간

잃어버린 회중시계 찾을 때는
일 멈추고 모든 전원 끄고
어둔 밤산의 적막 끌고 내려와야 하나니
희미한 초침의 박동
스무고개의 오솔길에서 들을 수 있다네

세상 시끄러울수록 그대 조용히 침묵하면
죽어가는 물상과 잃어버린 소중함 찾을 수 있느니
한 평생 적요의 숲에 걸어 나와
그 길 고즈넉이 되돌아 볼 수 있다네

말 배우는 날보다
한없이 먼 무언을 수행하는 날
가슴 가득찬 들바람의 음율로
일어버린 시간 찾을 수 있다네

아는가
그 빈 가슴 깊이에서 잃어버린
소멸해야 하는 것
영원히 단절해야 함을

지상의 빈공간

세상의 빈공간은
기다림의 쓸쓸한 등을 갖고 있다

하늘은 새와 구름과 붉은 놀에게
땅은 풀과 나무와 햇살에게
강물은 수초와 물고기에게
바다는 파도와 섬과 수평선에게
쓰다듬기에는 물결 같은 바람의 곡면이었다

기억의 오랜 집에 우수수 날던
어둠의 그림자 새떼처럼 내쫓고
넉넉한 황금빛 햇살을 잡아당겨
칭칭 하늘을 감는다

토란잎 위
아침 잠자리 푸른 눈알이 구르는 소리
오두막 텃밭에 들꽃도 심어
나비도 염소도 부드러운 풀밭에 눕는 소리

해질녘이면 지평선에 뜬 노을

어스름 흔들며 기다림이 홀로 선 곳

지상의 여백을 조금
우리의 몫으로 채우며 산다
우리의 생애까지만
하늘과 땅과 강물과 바다는 언제나 비지 않았던
원근법 가득한 투명한 공간이었다.

시월 블루

이웃들의 낮은 음성과
비틀린 눈빛 비키면서
우리는 정신없이 녹음 쇠잔해 지는 것을 보았어
이 가을은 정녕 오고 있는 중인데
아마 우리 오해의 그림자는
도심과 그 야경의 욕망에서 비롯되었지

먼 발치 불빛 두어 개
어둠 속에 지칠 때
사랑도 조용히 아픈 눈을 감고

얼룩진 안경알
빈 밤 정원을 굽어보기 위해
침묵에 날선 서적을 덮고 서성이면
이 밤의 미세한 풀벌레소리
유리창에 갇히고

뒤돌아보지 말고 가라던
착잡한 슬픔
찬 알몸 같은 입맞춤 가지고 가려니

밤새 입석되어 적막의 통한 속에
죽더라도 원망하지 않을 거지

일상의 어둡고 비굴한 눈섶 비 씻기는 날
청명한 가을 날에 네 차가운 달빛 같은 목을 감고
붉은 단풍으로 지리니

전화기

누구엔들 어떤 생을 지나왔는지
물어볼 수 있으랴마는
오늘 밤 손금 하나
담쟁이 넝쿨처럼 길어 벽에 붙어 있다

답신 없는 번호 외우기
재발신 다이알 누르기
내 억지 신호가 제사장의 이마로 푸른 저녁
세상 고해하듯 엎드린 등 위에
퍼뜩 글썽이더니 떨어지는 불빛

꼬리 찰싹 부치고 웅크린 뒤
묵음이 될 신음을
접고 접어 이별처럼 떨궈내고 있나니

경건하지도 초췌하지도 않는 밤
책상 위 반쯤 서 있는
날카롭게 각진 불빛
가을 밤의 유목하는 바람소리는 진법 숫자를 정렬한다

>

서로 입 다문 언질들이 어둠에 젖어
그 무거운 주름이 접히듯
정원의 경계석이 되어
오랜 생각의 문을 닫는다
문이 된다.

최후진술

2012년 7월 28일 동이 틀 무렵
테네시 주 오크리지 Y12 국가 안보단지
4층으로 설치된 철조망을 절단
한참 걸어 도착한 핵무기 제조용 고농축 우라늄HEU 저장시설
핵탄두 1만 개를 만들 수 있는 고농축 우라늄 400톤
망치로 건물 외벽을 내리친 뒤
붉은 평화운동가들 피를 뿌렸다
그리고 스프레이 페인트로 구호를 분사했다
"화 있을 진저, 너희 피의 제국이여!
정의의 열매는 평화이니
평화를 위해 힘쓰라!"
무전기 든 경비요원에게 빵 건네주고
성서, 촛불, 장미꽃을 들고 평화의 노래를 불렀다
98년 남미 군사독재자 양성소
조지아주 포트베닝의 '아메리카의 학교' 폐쇄를 촉구하는 시위로 6개월간 복역했지만
테네시즈 녹스빌 연방지원은 오늘(2014.02.18) 84세의 노파에게 징역 35개월 선고했다
'남은 삶을 감옥에게 보내는 건 더없는 영광'이라고
그 수녀님은 반핵 군축 직접행동에 대해 최후 진술했다

나도 혼탁한 세상의 법정에서
그 동안의 우유부단하고 기회적인 직접행동에 대한
마무리 진술을 준비해야 겠다
'남은 삶을 이 도심에서 보내는 건 더없는 치욕'이라고

포탈라궁

달라이라마의 겨울궁전
포탈라궁은
티베트 라싸에 있지 않다
유네스코 세계문화유산이라지만
깨끗한 하늘 호수 속 고독한 흰 바위섬까지
하늘 열차를 타고 이틀을 달려도 갈 수 없다
통곡을 쌓은 돌덩이의 무덤 앞에 쉼표처럼 서서
수행 마치고 종일 사원을 돌고
신들이 떠난 땅 라싸에 포탈라궁은 없다

소수민족 작은 방
4인용 2층 침대 2개
낮에는 문을 열어두어야 하는 중국에 유학온 티베트 여학생 기숙사
숨겨둔 위대하고 존귀한 정복자 곌바 린포체 사진 눈 맞추고
티벳 민요 먹먹한 가슴으로 부르다
가녀린 가슴이 쓰르라미 울음처럼 떨릴 때
오른쪽 아래 침대 구석에
그 흰 포탈라궁이 번쩍 거울처럼 떠 있었다
차라리 은빛 비수였다

우리들 가슴에 꽂힌
서장의 디아스포라.

겨울단상

선조로부터 유지 받은
이 겨울날의 비애는
어떤 답신이 없는 메시지로 남아
차거운 햇살에 부서지고

누군가에게 유물로 물려주지 말아야 할 때
겨울바람 빈 손가락으로 퉁기기만 해도
쩡쩡 어는 호숫가
들짐승의 기척도 사라진 뒤

허기 가득한 엄동 산하에
광채만 남은 비애를 눈 감고
속살 달빛 한줄기
허공의 나뭇가지에 걸어 둔다

바라바리 싸서 준비한대로
홀연히 떠나는 탁발승의 발걸음 뒤로
얼음 조각 초승달이 떨어 질 때.

우물

우물의 깊이는
두레박 던져 보아야 안다
텅 그 깊은 소리울림
귀 세워본다
당신의 가슴팍에 두레박을 던진다
한나절 다가도 소리 없다
밑 빠진 가슴인가
듣기 문제인가
얼만큼 지나 낯선 이의 모습 흩어진 물그림자 모여
고요히 하늘 속에 떠있겠지
나는 던진 두레박을 의심하기 시작했다
혹시나 밑 빠진 두레박은 아닌가 하고.

발톱

발톱을 자른다
엊그제 잘랐는데 벌써 또 자랐다
가끔은 며느리발톱 아파 자르기도 했는데
흩어지지 않도록 발톱 감싸고
두터운 엄지발톱 자른다
검지 중지 약지 소지 발톱 흩어진다
빗자루 들어 쓸어 모은다
내 몸에서 떨어져나간 발톱은
이제 내 발톱이 아니다
내 곁을 떠나간 후손들이
더 이상 내 후손이 아니듯
세상의 원소가 될 때까지 발톱은 발톱일 뿐
모든 관계는 소멸된다
미워하고 사랑하고 증오하고 연민에 싸여
나는 오늘 관계에 얽매여 사는 대로 때론 언쟁하고 화해한다
나야말로 흩어져나간 발톱만도 못한 슬픈 주체이지만
자유의 파편 존재의 점자
그런 소멸의 핀이 된 발톱을 생각한다
이제야 사소한 발톱을 버린다
푸른 자유가 된다.

집비둘기의 축출

1. 케이블타이 사용
베란다 난간이나 실외기 위에
비둘기들 앉지 못하도록
케이블 타이 사진과 같이 묶어 놓으시죠
(사진)
케이블 타이는 문구점이나
철물점에서 구하실 수 있습니다.

2. 비둘기 기피제 사용
설치가 간편하고 편리합니다.
To Nature BIRD FREE 200g (사진)

제조회사: ㈜ ○○○○○팜
약제명 : 투네이쳐 버드프리
약제에 대한 자세한 사항은 회사(전화번호)로 문의바랍니다.

1단지 관리사무소장

이 도심 아파트 단지에서
비둘기가 살 수 없게 되었다

나무와 풀이 조금은 있는 녹색 공간을 찾아
무단출입 한 것과 환경오염이 죄명이었다
덫과 화학제가 진화되어
다행히 생명은 위험 없지만
집비둘기 집 떠나
산비둘기나 대숲 비둘기로 변신해야 되겠지
어려운 일
아직 비둘기들은 대응책을 논의하지 못했다
집고양이 들고양이가 된 진화를 생각해 볼 뿐이었다
다만 고양이는 퇴치용 덫과 기피제 문제가 아니라
보살펴 줄 주인이 없거나 야생본능 때문에 가출하기 때문이다.

사막의 아침

열사의 영토
붉은 울음 그치고
모래바람에 스러지는 일몰의 발자국을 따라
쿨럭이는 밤이 오면
사막 위 빛나는 별들이 눈뜨나니
그대의 침묵만 남아 소용돌이하는 북구의 밤
청색 하늘 경계 없는 지상으로 드리운 흰 강이 어둠을 가르고
발끝에 묻힌 어느 백골은
흩어져 아픔이 된 짐승의 잔해여라
아아 사막의 여명은
밤의 시선과 냉기를 몰고
소금과 눈물이 고인 빛살 되어 낮게 활강하노니
밤새 내린 이슬로 목축인 고요한 숨소리
때로는 잊어버린 기억의 단편이 되어
모래성에 갇힌 전갈이 되느니
억센 가시 소소초 씹으며
붉은 피 목 축이는 긴 행렬의 그림자 일어나
아 열사의 생명이 눈 뜨는
이 사막의 아침 마두금 선율
긴 속눈섶 눈 아픈 안개낀 사구에 흰 태양이 운다.

추억과 유령

한때 그대에게 꽃향유 같은 추억이고 싶었다
그러나 나는 유령이 되어
한 자락의 바람이 되었다

낮도깨비이거나 밤귀신이거나
그대를 떠나지 못하고 떠돌고 있어
그대 혼자일 수 없지만

한때 훔치고 싶었던
그 추억의 빗물을 마시는
흰 자벌레의 경건함을
위태롭게 하는 바람이 되고 말았다

더러는 부대끼고 아픈 먹구름과 빗줄기에
촉수 접고 온 마디로
현금玄琴처럼 떨리는 빛의 잔상을
아침처럼 토해내는 날

그대는 멀리 고즈넉한 섬이 되어
푸르고 찬 바다 가운데 떠

엉키는 달빛 아래 기우는
갈매기 울음소리였지

이제 그대는 추억이 되고 나는 유령이 되었다
밤마다 어둠 속에 철썩이면서
한생애를 버틴 암석의 완력으로
해무에 떠도는 섬을 포박하지만
아침이면 빛나는 그대 뒤에 죽은 듯이 숨는다.

유혹

유혹이여
내 속에 언제 떠오를지 모를
치명적 위험이 남루하게 노숙하고 있구나

조금씩 조금씩 푸른 도룡용 꼬리의 발아처럼
좁은 지하도의 한구석에 아찔한 향수 내음 가득한 날
참기 어려운 충동이 나비가 되어 푸른 하늘을 날고 싶구나

유혹이여
폐부에 가라 앉은 새떼의 잠을 쫓아
우수수 일어선 군무의 소용돌이여

이제 격정의 폭포에 코 박은 목선이 되어
질주하는 가슴의 고동 소리에 멈추지 못할 때
그 또한 젊음의 너였으리라.

도심속의 파미르

산정의 두터운 구름 그림자 만년설 위에 미끄러진다
설산의 눈을 헤치고 풀을 뜯는 순한 뿔의 영혼
은둔의 땅에 부동의 강이 흐르고
독수리 나는 곳엔 주검이
늑대가 몰려오면 한동안 기다리는 무리들
야크 등에 생활을 싣고
상돌프에 염소 떼가 무리지면
눈표범이 길게 우는 밤
태양신의 자리
마르코폴로 (야생양) 설풍을 가로질러 줄지어간다
영광의 뿔 때문에 몇 안 되는 부족 수가 되어
민목 독수리의 풍장을 지나
되돌아 가는 길 거친 지평선의 고지
죽음의 냄새를 맡은 여우가 가죽을 뜯고
그윽히 바라보고 발길 돌리는 멀리서 헤어진 새끼
생명 다하면 다른 생명에 자신을 내어주고 노을 속으로 사라질 때
산그늘에 잠기는 메마르고 황량한 그곳
아이벡스(야생염소) 야크 떼 암각화로 떠돌다 유목할 때
천년동안 철새가 떠나면 겨울이 얼음 갑옷을 입고 걸어왔다

눈표범은 제물을 제압하고 배를 채우고 휴식한다
늑대는 꼬리를 다리 사이에 넣고 비겁한 습성으로 순순히 물러서고
또 독수리 떼가 모이고
발탕계곡 노랑부리 까마귀 겨울 나무 열매를 상처처럼 쪼아대고
5월까지 견딜 식량 아끼며
발탕 사람들은 눈표범을 두려워했다
누군가는 사투 끝에 눈표범을 쓰러트렸다고
이 도심에 전설이 되었다
그러나 사람들은 이제 전설마저도 더욱 두려워 하게 되었다.

단감나무

담장 밑 응달 어린 단감나무
삽으로 깊게 분을 뜬다
벌레 먹어 반쪽만 남은 이파리들
아버님처럼 나도 의젓하게 삽질을 했다
가뭄에도 촉촉이 젖은 흙덩이
조심히 봉투 담아 시골 밭으로 운반했다
자리 잡아 구덩이 파고
어린 단감나무 앉히고
내 일상의 부스러기 더불어 흙 부벼 넣고
발자국으로 다져 주었다
지나온 유년을 덮는 어지러운 발자국
몇 년이 지나면
목걸이 꿰는 감꽃 함초롬히 피고
청단감 튼튼히 맺힐 때
그것은 단단한 나의 젊음이었으리라고
단감나무 올려다보는 후일
붉은 노을 사양에 젖은
한 가을 서리묻은 단감은
버려진 연서의 한소절이 되리라고

2부

설산에 묻힌

순천만 흑두루미

흐린 날 갈대는 외출하지 않았고
바람을 초대하지도 않았다
지난해 마른 갈대는 올 햇갈대와 섞이어
깨금발로 키를 목측해 보곤했다

물길은 하늘 위, 흰 허물 벗어 놓고
백사가 되어 꿈틀꿈틀 갯펄 돌아
노을 속으로 멱 감고 사라졌다

갈대보다 더 많은 사람들이
갈대보다 더 화려한 옷을 입고 다녀갔지만
몇 남은 우리들 오늘 물길 가에 서서
먼 수평선을 눈빛으로 잡아 당겨 본다

누군가는 우리를 조형물이리라 지나쳤지만
가끔은 갈대숲 사이 찬 갯펄에서
낮으막한 목소리에 귀 대본다
'흑 두루미님 왜 혼자 남았나요?'

떠난 동료들 몇몇 돌아 오려나

먼 훗날 우리는 잊혀지겠지만
붉은 칠면초 갯펄 덮는 일몰 속에
그저 시간의 배경이고 싶은
남은 소망 하나 때문이라고

순천만 갈대숲에서
우리는 가끔 사진에 범인처럼 찍힐 뿐이다.

설인 후손

히말라야
안나푸르나에서 구조활동하다 돌아와
험준하기로 유명한 촐라체 북벽에서
망원경 시야
그들은 갑자기 추락했다
1300 미터
그리고 얼음구덩이에 찍힌 마침표 두개
'설산을 탐닉한 자 그곳에 영원히 갇히리라'더니
젊음인 채로 동면에 들어간
먼 훗날 인류 진화조사 샘플이 되어
산악인은 설인의 후손이라는
그래서 설산에 묻힌 이유를 입증할 것인지
쓸쓸하지 않게 둘이서 각자 설빙캡슐에 들어갔다.

촐라체 북벽(6440m)에서 추락하는 대원들을 본 것은 2011년 11월 11일 오후 4시 15분(한국 시간 오후 7시 30분)이었다. 수색에 나선 베이스캠프 대원들은 오후 6시에 시신을 발견해 베이스캠프로 옮겼다. 촐라체 북벽 원정대 김형일 대장(44)과 장지명 대원(32)이었다.

립싱크의 교훈

사회자가 나서서 "게임 하나 소개할께요." 했다
두 손바닥을 부비고
그 손으로 검지로 귀를 막으셔요
내가 '오늘은 추워요'하고 말하면 들리는지 안 들리는지 알려주세요
'오늘은 추워요'
그러나 분명히 들리는 소리
'들리지요?'
정수리는 우리가 태아일 때 숨을 쉬고 소리를 듣는 문이었답니다
자 그럼 이번에도
손바닥을 부비고 정수리를 세 번 손바닥으로 쓰다듬어 막고
그 다음 검지로 귀를 막습니다.
'오늘은 추워요.'
이번에는 아무 소리도 들리지 않았다
정수리를 통해 우리는 아무 말도 들을 수 없었다
우리는 정수리의 숨문에 소리문이 있었음을 잊고 살았다

사회자는 웃으며 결론을 말했다
두 번째는 립싱크였어요

>

이 오래된 게임을 전에 아는 사람도 모르는 체
진지하게 따라했다

정수리의 숨문을 한번 더 기억하기 위해

굳은살

아픈 어깨 때문 오늘은 왼손으로
양치질 한다 젓가락질도 해본다

한 손은 자기를 위하여
한 손은 다른 사람을 위하여
두 손 갖고 세상에 태어났는지도 모를

양 손 다 능숙히 사용하지 못하는
우리는 때론 불편하다

변기에 앉아
편안해진 두 발 내려다 본다

한 발은 자기를 위하여
한 발은 지구행성을 위하여
두 발 갖고 사는 우리는
여태 바쁘게 거친 세상 헤치며 걸어왔다

이제부터라도 푸르른 나무 심고
들꽃 심고

두 발로 잘 밟아 다지는 일 해야 하는데

두 발 뒷굼치의 굳은살이
한 생애의 모아진 상흔이 아니라
이 행성의 계절과 기후를 위한 그루터기가 되어야 하거늘

까치발로 걷는다 달려본다
오늘은 굳은살 임시 공유일 지정한다

황새

바람을 타고 하늘로 하늘로
가오리연이 되어 활강하는 큰새

바람이 낸 길을 따라
그 공간의 틈새를 스치다
날개 짓 유장하게
밀물 겹겹이 지워지는 유년

맘 한 곳 기억 한편에
알 듯 모를 듯 그리움으로
저녁하늘에 놀빛에 비키어 떠오르는 새

우렁이 전설을 뒤로
이젠 아무르 강가에서
가끔은 회상으로 정적의 책장을 넘기면
부리에 큰 노을이 걸려 찢기운다

갸우뚱
다가오는 어둠을 의심한다
사랑마저도 의심한다
돌아갈 수 없는 먼 한반도 포성소리 들으며

분갈이

도자기 화분에
따뜻한 봄 햇살 흙과 부벼 채운다
조리대 분수 빗살 무지개 걸어본다
조심스럽게 분촉하고 세상의 중심에 가녀린 줄기 몇 세운다
"분갈이는 정성이야."
소나무 껍질 아버님 손이 흙을 다지고
나는 부삽으로 흙을 더 붓고 있었다
허리가 아팠다
아버님은 전쟁 때 허리 부상 의가사 제대
이젠 직장 퇴직하시고 먼 고려의 변방에서
하늘의 별을 헤아리신다
가족 이름 하나하나 가르키며

여름 태풍 밤새 출렁이던 관사 후원 대밭 숲가
채마밭 옥수수를 일으키시던
흥건한 빗물에 비치던 아버님
그 아버님은 없으시고 오랜 기억만 비틀비틀 걸으신다

언제가는 뿔뿔이 흩어진 가족들
그 거친 옹이 손가락 들어

부르튼 입술 나지막히 말하실까
"잘 살고 있지 ok?"

분 몸피 깨끗이 헹그고
물대야에 담그고
바람과 햇빛 통하도록 배란다 창문 조금 열었다
내몫이 된 아버님 분갈이
다음 누군가의 몫으로 남겨야 할 분갈이.

안변 프로젝트

순백색 몸통
칠흑 날개 깃
붉은 정수리
러시아, 중국, 몽골, 한반도와 일본에 서식하는
국제적 멸종위기종

북쪽의 안변 낙곡 남아있지 않아
겨울 나던 두루미들
남쪽 철원 민통선 8킬로미터 월남한다

철원평야 이젠 개발되고
언제가 두루미 안변 월동지로 되돌아가야
안변 유기농 풍년들면
비산협동농장 두루미 내려 앉겠지

갈령, 문덕, 금야 도래지에도
두루미 되돌려 보내야하는데
코큰 미국사람 대신
정작 조선사람들이 해야 할 일

>

가만히 불러본다
김두르미 조선의 딸이나 손녀들에게 붙이기
너무 아름다운 이름 아닌가?

국밥 한그릇

중환자실 야윈 얼굴로 산소마스크 쓴
이모부 상체 올리고 누워계시다
가쁜 숨 내쉬고 심전도 모니터에
파형 조금 고르게 흐르다

대학 다닐 때 참 데모 치열했는데
누구는 군대 최전방으로 잡혀갔고
누구는 안기부 지하실 끌려가 홀딱 벗기고 채찍 맞기도 했다는
소문 무성했어

철없는 예과 시절
젊은 혈기 성토대회 뛰어들어
데모대 교문 뚫고 시가지 진입했다고
초승달 뜬 자정 무렵 경찰서 연행되었어
밤새워 추궁당하고 조서 쓰고 탈진한 아침
이모부 유치장 밖 불러내어 뜨거운 국밥 한 그릇 불러주었지
그 눈물 콧물 뒤범벅된 국밥 한 그릇
국밥 그릇 감싸안고
목메어 감사하다는 말할 수 없었어

>

훌쩍 몇 십년 지나 팔순 넘는 이모부 침상에
의식 없이 누워계시다
까닭없이 부끄러움만 남아
이모부 접니다 기대하고 아껴주셨는데
변변치 못한 사람 되어 죄송합니다
그러나 그때 그 국밥은 이 추운 겨울
당신이 남기신 뜨거운 유언이 되었습니다.

꽃도우미 비

올해는 비마저 조심스럽게 내린다
해마다 벚꽃 우수수 지게 하던 4월 꽃샘비
그만큼 봄이 오면 흥건히 내리던 비
꽃잎도 향기도 눈 깜짝할 사이 젖어 지게 하더니
요지음 간간히 내리는 비에
아기 걸음 너머질듯 너머질듯
꽃잎이 걷는다
우리 사랑도 불안하게 따로따로 걷는다
한잎 한잎 흩어진다
열매 맺기도 전에
핑도는 빗물 머금고 꽃잎이 진다
그녀의 목소리 목메이고.

붉은 신호등

산바람 가득 싣고 내려온
도심 길거리

깊은 밤 붉은 신호등 앞에
은빛 날개 펴고 기다렸지요

우리는 창문 열고 수신호 교환했어요
약속을 답례하며

우회전인 나는 신호와는 달리
멈추지 못하고 미끄러지듯 돌아 갔어요

이렇듯 내가 먼저 세상 돌아 나갈 때
노자는 말고 시원한 아이스크림 하나 넣어 주세요

앞유리 빗방울 하나 둘 떨어지는 밤
도심의 열대야도 서늘하네요
나는 이제 은밀하게 당신의 메시지와
목거리를 챙깁니다,

민달팽이의 변

참회의 집 내려 놓고
몸걸음으로 걷는
묵음으로 몸 한 마디인 걸요

이슬을 부수고 탈피한
촉수의 여린 자태
보아 주셔요

마디 움츠리며
세상의 모서리 어루만지는
굼뜨고 굼뜬 어리숙한 슬픔이라

세상의 연민으로 몸 구부리다
때로 미끄러지기도
그대여 미워하지 마세요

뿔같이 세워도
길어지지 않는 시간 접고
당신에 대한 생각만으로
얼굴 가슴에 묻어요

>

젖은 풀잎에 몸 적시고
햇빛 퍼담아 머리에 뿌리면
아픈 마음마저도 새처럼 비상하네요

산외면 보라마을 송전탑

지난 9 월에 완공된 102번 송전탑
아파트 30층 높이 765 Kv
'내 땅에 절대 송전탑을 세우지 말라'
유언남긴 이치우 씨
2012년 1월 16일 분신 이후
그는 이제 마을사람이 아니다

2013년 12월 2일 음독 유한숙 씨도
이젠 주민도 면민도 아니다
모두 대한민국 국적을 잃었다
그리고 69기의 송전탑이 조립완료되었다

질기고 질긴 '밀양 송전탑 촛불집회'
마을사랑방을 돌고
밀양 영남루 앞 계단
매주 토요일 저녁마다 촛불을 든다

철골조로 우뚝선 4층 탑
번개나 천둥이 강물소리로 흐르는
철가시로 용접된 탑을 돌아

밤이면 훌렁훌렁 혼불이 걷는다

민심은 천심이라 했거늘
언어가 다른 들판에
역모의 철탑을 절름거리며 도는
흰이빨 드러내고 혼불이 웃는다 운다

나도 따라 웃는다 운다
이 야밤의 창가에 서성이며
내 가슴에 세워진 웅웅거리는 송전탑을 돈다.

주기자께

당신도 비극의 주인공이 될 수 있다

기울어진 세상에서 잘 싸우고
잘 살아남아야 한다는
당신의 금언

본인은 아직 비극의 주인공이 되지 못했다

기울어진 세상에서 낮은 자세로
다치지 않고 잘 살아 남았다
당분간 본인의 상황이다

문구에 비해 턱없이 부끄러운 상황이지만
그 뒤에 숨은 풀잎들의 부대낌이
내게는 짐이었다
그리곤 담력 작은 소인배임을 스스로 인정한다

그러나 당신처럼 나 역시
언제나 반골이었고 마이너리티의 비애를 사랑하는 사람이므로
다소 동지애 조금 나누어 주기를 희망한다

>

송사를 두려워하지 않는 시대의 전사가 되기 위해
나는 당신의 도제자가 되고 싶다
도제자가 되어 죽고싶다.

경계석

어깨 새벽 통증 때문에
새벽 6시면 깨게 되었다
주섬주섬 츄리닝입고 아파트 뒤 초등학교 운동장
빨리걷기 4바퀴
그리고 운동기구 이용한 허리돌리기, 윗몸근육풀기, 오금펴기,
역기내리기, 밀기, 노젓기, 파도타기, 공중걷기, 달리기
물리 치료사 웃으며 어깨 회복 위해 전신 운동이 필요하다고

문득 화단가에 서있는 어둔 쑥색 편마암 보았다
침묵으로 수만 년 견디고
어느날 초등학교 운동장 가장자리 화단의 경계석이 된
켜켜히 파도소리 바람소리 머금고
한때는 그 큰 암반의 어깨였을
아픔 잊은 채 이제는 가슴 넓은 방패 되어 서 있었다

강물 아래 어둠 속에 잠자고
여명에 기침하더니
그 큰 암반의 뒤척임으로 관절이 된
세월의 푸른 반점

>

빈 운동장에
강물소리 밀어 넣고
버들치, 중태기, 피리, 은어들의 투정 늘어 놓고
송어, 연어의 먼 여담에 귀 기울이는
각진 각오가 되어
아침 시간의 경계에 섰다.

국밥의 진화

목감기 걸려 아버지 따라
국물 목젖 헹궈야 한다고
누런 황소 꼬리 쇠파리 쫓던 쇠장터 국밥 집
간이 판자 뚝배기 앞에 앉아
약발에 대한 간절함이었다

추운날 벙거지 모자 쓰고 배추 몇 접 팔고나면
어머니 따라 천막친 국밥집
시린 손 녹인 따뜻한 뚝배기
허기에 대한 기도였다

최루탄 자욱한 골목지나 연행되어
자술서 썼던 흉흉한 밤 지난 새벽
이모부 불러 주신 해장국 한그릇
미래에 대한 불안한 전조였다

컵 두 잔 물 딸아놓고 식당 의자 앉아
내장과 정구지 가득한 순대국밥
식구들 떠난 뒤 고단한 삶도 다 살았다고
정중하게 숟갈로 뜬 묘비명이었다

>

매큼하고 구수한 그 맛은
예전나 지금이나 다르지 않았는데
국밥 굽어보는 세월 귀밑머리 다를 뿐
언제나 땀 흘리는 질그릇의 숨소리가 들렸다,

아메리카노 커피

가져가서 마시는
아이스 아메리카노 4천원
휴게소 엔젤리너스 커피샵
긴 줄을 서는 사람들
원가를 계산해 볼 필요는 없겠지
미국에서 스타벅스는 2.5 불이라고
연수 후 귀국한지 얼마 안 되는 김선생이 말했다
이선생은 휴게소 커피는 절대 마시지 않는다고
나는 커피 한 잔을 나누어 둘이 마신다고
비싼 커피 값은 소비 심리를 억제한다
오늘 커피 한 잔이 글로벌시대의 상술을 호명하고
이디오피아든 케냐든 갈색 원두
빛나는 햇살아래 흑진주 피부의 인부들
웃음과 콧노래로 거둔 갈색 원두
그 순수한 향기는 원주민의 추억
식탁에 가득한 드립 커피향
간밤 휴식을 마친 아침은 기지개를 키고

한반도 목함지뢰 폭발로 시작되더니
포성으로 시작해서 3일간이나 계속되는 고위당국 회담

하늘에 잔뜩 검은 구름 끼고
태풍 고니가 지나갈 때 협상은 타결되었다
한반도 전운은 일상의 아메리카노 찻잔 속 태풍일 뿐이었다

3부

저녁 수목원

붉은 저녁별

야관문* 동동주 몇 잔에 얼굴 벌건 우리는
뜨거운 입김을 불며
그 수목원에서 산노을 바라보았습니다
저녁 이슬 흥건히 맞으면
작별하기에 짧은 해거름이었지만
우리는 손 흔들며 하나 둘 어둠 속으로 떠났습니다
그리고 알았습니다.
기울어지는 산그림자에 묻혀
우리의 시절도 불현듯 저물어 간다는 것을 말입니다
산바람 가득한 빈 수목원 너머
산기슭 위 저녁 술 내음을 따라
하나 둘 붉은 별들이 떠오르고 있었습니다
언제가는 우리도 지상에서 멀리
별이 되어 떠오를 날이 있겠지요

* 야관문 : 비수리라고도 불리는 약초, 밤에 빗장을 열어주는 술을 담그는데 사용됨.

실연

사랑을 잃네
그 사랑 잊으려고 헤메네

슬픔 있는 이
그 슬픔 잊기 위해 하루를 침묵으로 골똘하네

또 다른 사랑도 슬픔인 줄을
모른다네

바람 스치는 노을 하늘
매번 시간에 묻히듯

사랑 어렵게 얻었어도
쉽사리 오래 가질 수 없네

사랑을 찾네
그 사랑 잊으려고 헤메네

결국 찾은 것
그 사랑의 상흔이었네

조선족 그녀

서울 남부 지법 형사11부
조선족 아내 폭행하고 한강에 던진 혐의 (살인미수)로
조모 씨 (47세) 기소했다

징역 2년 6개월 집행유예 4년 선고
가정폭력치료강의 수강 40시간 명받았다

재판부는 머리 바위에 내리찍고
주먹으로 눈부위 수차례 때리고
한강에 빠뜨려 살해하려하려다 미수에 그쳐
죄책이 결코 가볍지 않다고 판시했다

다만 우발적인 범행인 점
상해정도가 비교적 가벼운 점
피해자가 처벌 원치 않았고
혼인관계 유지하겠다는 의사가 감안되어
징역형의 집행을 유예한다고 양형이유 설명했다

강에 빠진 그녀는 비명소리를 듣고 달려온 시민들에 의해 구조되었다

>

조씨는 지난해 8월 12일 오후11시 20분
한강시민공원 한강변에서 아내 그녀와 말다툼하다
헤어지자는 말을 듣자 격분 참지 못했다
그 말다툼의 시작은
'국적 취득하기 위해 나를 이용한 것이 아니냐?'는 것이었다

생애 끝장낼 사랑 한번
우리에게 있었는지
세상에서 가장 부러운 조선족 그녀
나도 젊었을 땐 누굴 죽이고 싶기도 했다
행동하지 못한 사랑은 사랑이 아니지만.

연

바람 부는 날 실꾸리 풀며
연을 날린다
긴꼬리 가오리연
삼촌들 물레 풀며 네모난 방패연 날린다
삼삼히 보이지 않는 실을 따라
눈발 날리고 바람도 날리고
아버지 꾸중도 날리고 어머니 나무람도 날린다
들판과 하늘이 너무 넓어 어지러운 날
우리는 마음대로 까불고 마음대로 춤추고
달리고 넘어지고 웃다가 까무라친다
들판에 벌렁 누운 동무 옆
골마리 내리고 소피보는 삼촌이 보인다
우리는 모두 잠시 동네 부모와 이웃에 맡겨져 사는
애초부터 하늘과 들녘의 개구쟁이 요정이었다
이젠 꼬리 흔들던 가오리연 간데없고
생계형 비정함과 매연에 묻혀
턱수염 까칠한 방패연이 되어
구름 겹겹한 하늘을 난다.

역사驛舍의 이별

2호선에서 1호선을 기다린다.
남쪽 목포행 KTX 고속열차를 타기 위해서다
서울의 불빛을 뒤로하고 기다린다
지하철 타고 지상으로 나와 역사로 서서히 들어선다
환승한 열차는 이내 움직이더니
어둠이 짙은 들판으로 계곡으로 질주한다
시간도 질주한다
때론 눈 감고 생각은 열차의 속도를 따라잡지 못해 가물가물 멀어지고
한기가 몰려온다

늦은 열차에 여행자 등 그림자 내리고
옷깃 펄럭이는 한 그림자 어둠 속에 서 있느니

어깨 옆으로
어둠과 정적을 남기고 열차 곧 떠났다
우리는 빈 철로의 불빛, 먼 소실점을 향해 걸었다
그림자 앞서서니 뒤서거니 끌고
나지막한 어둠의 목소리가 귓가에 밤이슬로 내려 앉았다
'밤이 깊었네요'

>

역사는 어둠 속에서
다음 열차와 승객을 기다릴 뿐
빈 역사를 남기고 우리는 눈짓으로
'안녕히' 하며 헤어졌다

전자파 소란한 행성의 어느날 밤에
그게 우리 이별의 전부일 줄은 몰랐다.

앳된 그들

멀리서 녹색 신호등 황색으로 바뀐다
호각 소리 함께
교통순경 신호봉 급박히 내린다
정지 신호다

급 브레이크 밟고
그 교통순경 보았다.
큰 모자 헐거워 보이는 앳된 소년이었다
오후 사양에 붉게 물든 옆모습

어쩐지 여름 야외 무대에 처음 출연한
어색한 조연 보조자로 보이지만
그 옆모습 너무 단아했다

일전 산문 저녁 어둠속으로 사라진
위봉사 저녁 법고 두드리던 젊은 여승
장삼자락 걷어들고 뛰어가던
앳된 그녀의 뒷 모습 눈 밟힐때

도심의 저녁 어스름 속에
붉은 신호등 뭉클하게 오래 켜져 있었다.

해바라기 식구

여름 오후의 사양
환승역사 유리창 배경으로
여러 송이 샛노란 해바라기
발꿈치 들고 서있다
티없이 환히 웃는 얼굴
반짝이는 녹음 너울 옷자락
멀쭉이 키 큰
앙징하게 작은 키
도심 비집고 비치는 햇살에 해맑은 해바라기
들녘보다 울울풋풋하게
기념촬영하고 서 있다
미안하고 애틋한 해바라기
자상하지 못하고 무심했어도
햇살 눈에 넣고 비바람 목에 걸고
'아빠' 부르며 목 빠지게 기다리는 해바라기 식구들.

족저 근막염

구두 뒷꿈치 구겨 신어보라
때로는 조인 굴레 느슨해서
굳은 살은 좀 더 겨울 추위에 풀리고
바람은 더 피부에 소통할 수 있으며
햇살은 온기를 밀어 넣을 수 있을 것이다

사람들은 진화된 신발을 찾고
신발은 원시적 흙과 잔디를 그리워하고
결국 모태커플인 우리는 반반 짐을 짊어지고 진창과 험한 길을
견딜지니

꽉조인 구두와 딱딱한 건물 바닥
철없는 새끼들을 거닐은 뭉퉁한 발등에게는
답답한 어둠과 추운 감옥내에
그만 지병이 되었다

눈 가리고 항상
뚜벅뚜벅 입 꾹다문 걸음으로 앞길이 두렵지 않은
뒤에 남는 발자국 기억 지우지 않지만
때로는 자국의 깊이만큼 아픔 남기기도 했으리라

>

아무리 아파도 서로를 보듬을 수 없어
보폭의 거리에서 저만치 운명으로
마침내 가지런히 묶여 하나가 될 때까지
그때는 이미 목숨 다한 시간이 되겠지만

이제 서둘러 차 시간 맞추기 위해
구두 뒷꿈치 펴 고쳐 신고 바삐 가방 밀면서
아픔도 쓸쓸함도 인내하며 재촉한다
"애들아 차 놓칠라 어서가자."

생업

생선구이 식당 노부부가 주인이시다

원산지 표시 노르웨이산 갈치, 세네갈 꽁치
가히 국제적 식단이다

'식당 앞 주차는 괜찮나요?'
'네 식사 시간에는요.'
'그렇지 않으면 우리같은 영세업자들은 다 죽으라고요?'

사실 불법 주정차 벌금은 무려 7만원 적은 돈이 아니다
나 같은 영세손님에게는 속아프더라도
말없이 몇 번 벌금 낸 적 있었다

세상에 생업을 위해할 자 있을까마는
식사비 7천원에 비하면 벌금 터무니 없다

오늘은 벌금도 없고 생업도 지장없고
하룻 봄날의 저녁식사 외국식단으로 끝났다

내일 걱정은 내일하자

영세업자든 영세손님이든

몇 달 지난 후 7만원짜리 주차위반 고지서 또 날라왔다
난 비싼 저녁 먹었지만
그 노부부는 비싼 저녁을 팔지 못했다.

울음 치유

한창 젊은 직장동료인 그녀는
어느날 올린 머리가 어떠냐고 물었다
말 끝에 그녀는 가끔 일과가 끝나면 동료들과 하루 마감 이야기하면서
직장상사가 몰아붙이고 혼낸 일 때문에 울기도 한다고 했다
개인적 감정이 아니고 미워서도 아니고
일을 잘 배우라는 조언이나 지휘감독일 거라고 설명했다
그녀는 옆 동료들이 다독이며 위로하면
눈물이 더 솟구쳐 나온다고 했다
그리고 울고나면 복받친 갈등도 억울함도
다 가신다고 했다
매일 아침 그녀는 쾌활했다
그녀의 직장 상사는 울어본 지가 오래였을 거다
중년의 아버지로서 가장으로서 운다는 것은 생각할 수가 없는 것 아니겠는가
오랫동안 울지 못해 울화병이 생겼을 거고
그는 그 병에 걸린 것도 모른채
심신 나약 증후군을 나이 탓으로 돌렸을 거다
그 직장 상사는 사실 나였다
울음도 힐링인 것을 이제 알았다
그녀에게 무척 미안했다.

가을햇살

가을 햇살 낙엽을 고요히 손 안에 감싸네
아프지도 않게
다치지도 않게
그대 마음 소중히 간직하려는 듯
핏줄 비치는 손가락을 가지런히 펴
가을 햇살에 담가보네
나지막히 입술 귀 닿을 목소리로 부르면
나뭇잎 알록달록 볼 붉히고
산하는 조금 더 설레고 들뜬 채 축제를 기다린다네

더 단맛나는 과일과 여문 견과를 담아
햇살은 바람을 꿰어 들녘에서 우리의 가슴으로
넉넉함과 풍요를 쏘아 보냈지만
가을 햇살에 젖는 내 손은 왠지
푸른 정맥따라 슬픈 예감 출렁이네
이 가을 햇살이 아프다 하네

취토取土

1월 삭풍 부는 산기슭
바람에 삽날을 씻고
한 삽 가슴에 언 흙을 뿌립니다
흙에서 흙으로 돌아가시는 날
아버지도 가시고
저희도 아버지 따라 가는 날
가슴에 붉은 흙덩이를 떨굽니다
난리통 완전군장 '엄니' 부르며
군화발로 덜걱덜걱 달려오셨던 천거리 골목 먼 발치 돌아
어린 자식 떠내려갔던 요천강 구비구비 돌아
멧새 날던 미루나무 그늘, 멱감던 허허로운 들판 여울 돌아
적막과 햇빛 황망히 청솔 가지에 걸고
조상님 아래 부상입은 척추몸 부리셨습니다
멍멍히 메아리지는 한마디 말씀도 없이
응어리진 통한과 슬픔 눈감고 흙으로 가시는 날
아버님 혼백은 세상의 먼지를 모두 털고
어둠의 휘장을 걷고 자유로운 푸른 하늘로 날아
허무의 저녁하늘을 소지로 불태우는
노을이 되었습니다
그 노을마저 질 때 아버님 쓸쓸하지 않도록 저희도 곁에 있게

허락해 주시겠지요
만국기 날리던 주촌초등학교 운동회 같은
이 세상 잘마치고 가겠습니다
흙으로 돌아가겠습니다.

그날 밤

그대와 통정하고 싶소

이러한 나의 욕망은
만성흉통의 원인이 되고
목에 걸린 신 아스피린 같은 그대의 전언
빨리 가야 되어요
아 네
그 한 마디로 그대를 보냈지요

잉걸불 같던 곱디고운 노을이
허무의 어둠으로 사위어지면
밤바람에 뒤척이는 자작나무는
하얀 고목이 되고

풀 벌레 소리 소곤거리는 그 저녁
붉은 능금알이 별빛 아래
수줍음으로 젖으면
컴컴한 어둠의 강물 속 조용히 헤엄치는
흰 목어가 되었소

>

먼 산을 넘어오는
새벽의 깃치는 소리에
흩어진 자태 다듬어 내안에 깨어난 그대는
우표 붙은 그림엽서 한장이었소

단 한번의 키스

어둔 방에 촛불을 키고
의자에 앉은 당신 앞으로 걸어갔습니다
대야에 따뜻한 물을 담아 당신의 맨발 앞에
소리나지 않도록 놓고
조용히 빈 몸으로 무릎을 꿇었습니다
흰 타월을 곱게 접어 당신의 무릎 위에 놓고
세상에 태어나서 처음 당신의 두 발을 바라보았습니다

두 발 앞에 한없이 못난 나는 어둠의 계곡으로 자꾸
떨어지는 것 같았습니다
문득 한 발을 손에 쥐고 발을 씻습니다
너무 굳은 딱딱한 발바닥과 거친 발등이었습니다
발가락 하나하나 거칠고 고집센 우리 가족의 모습이었습니다

빈 손으로 당신에게 헌신하며 연민을 드릴 수 있는
그리고 크낙한 용서를 비는 단 하나의 의식에 바람 잘날 없는
당신은 느꺼워할 필요도 눈시울을 붉힐 필요도 없습니다
내 어깨와 손, 두 무릎이 성할 때이기 때문에
당신의 다른 발도 씻길 수 있었답니다

끝내 당신의 두 발에 키스하지 못하고
세족식을 마친 것을 내내 후회했습니다

그래서 지금 조용히 잠든 당신 오늘 저녁
피곤한 당신 발에 키스합니다
독선과 폭군이 된 나를 비틀거리지 않고 걷게 한 당신의 두 발
가족을 위해 동동거린 상처뿐인 당신의 두 발에
하루만이 아닌 평생의 입맞춤을 합니다
당신의 발은 오늘도 말이 없군요.

식사시간

'식사합시다'
그것은 '우리 같이 나누어 듭시다.' 하는 말
남으면 남는 대로 모자라면 모자란 대로
당신은 내편이 되고 나는 당신편이 되어
아무리 바쁜 세상이라도 밥은 먹고 살아야 하니까요
그 시간 같이 마주보고 안부를 듣습니다
서로를 믿고 알아주는 시간
당신의 후루룩 국 마시는 소리
톡톡 젓가락 쓰는 소리
숟가락 식기에 부딪치는 소리
우리는 그때 한 지붕 밑 한솥밥을 먹는 친구요 연인이 됩니다
반주 우리는 가슴으로 의리를 맹세하며 잔을 부딪칩니다
밥상 앞 세상의 자그마한 시간잔치를 벌립니다
꽃잎지는 창가 햇살 드는 고요한 방 안 두 사람 잔치지만
동시대의 세상에서 삶에 대한 경건한 약속입니다.
'어서 더 드시지요.'

나팔귀

내 귀는 나팔귀
양재기로 만든 나팔귀
세상의 사기꾼들은 다 어데 갔는지
나는 침묵도 경청하네
그대의 웅얼거림도 알아 들을 수 있네
그리고 가슴 졸이네
들릴까봐
사랑한다는 말 한마디

4부

산티아고 가는 길

제비 고사리

흰제비꽃
자주빛 제비꽃보다 조금 늦게 피는 5월

동구밖 느티나무 주위
북구에서 온 삼색 제비꽃 군락피어
부삽으로 한웅큼 떠 봉지 담아
베란다 화단에 이식하고
조리개로 물주는 상큼한 아침

햇빛에 반짝이는 물줄기
흠뻑 젖은 제비꽃
비맞은 개구쟁이 얼굴 나풀거린다

다음날 아침
삼색제비꽃 시들기 시작하더니
삼색 꽃 흔적없고
한두 줄기만 겨우 푸른 이파리 붙어

분갈이땐 어느 야생화도
몸살을 한다던 화원 주인 말씀

그러나 사경 헤메다 돌아온 초췌한 제비꽃
이젠 꽃이 아니고 제비고사리 되었다

저 살던 곳 떠나
목숨부지하고 산다는 것
너무 힘들어 보이지 않으려는 제비꽃
누엔티노 베트남 새댁의 몸짓

산티아고 가는 길

어제 저녁엔
'산티아고 가는 길'에 다녀왔다
샵을 연 지 3년 지금 그는 40대 초반
석고상처럼 이목구비 오뚝한 젊은 조각가는
아직 청년 작가이자 커피샵 주인이다
원산지 농장에서 수입한 커피 빈을 80여 종 다룬다며
그는 네 달 걸려 손수 샵 인테리어를 설비했다고
내년이면 아들 초등학교 6 학년인데
아빠와 산티아고 가자는 약속이 목전에 왔다고
짐짓 그는 진지했다
이 도시에 샵이 더 포화되기 전에
10년 후 계획 당겨 가게를 열었다는데
망고나 레몬 라임 향이 든 커피 향을 음미하라고 내민다
아직도 로망에 사는 젊음
커피향 내음 맡으며 나는 산티아고를 언제 갈 것인가
'길은 있는데 어떻게 갈 것인가'를 처음으로 생각했다

파충류

단 한번만인 생
그렇게 태어난 목숨이므로
쉽게 죽을 수 없는 것처럼

함부로 네 이름을 부르지 말고
함부로 네 추억을 그리워하지 말지

오늘 석양이 지고
월광의 밤이 온다

만리향을 내뿜는
계화나무 흰꽃처럼
겨울이 오는 해마다
우리의 약속이 풍장처럼 우나니

정녕 그대는
하늘아래 파충류처럼
날카로운 이와 두꺼운 외피로
광폭하게 살 수 있는지

>

어렵게 사랑하고
어렵게 이별하며
그 흔적 쉽게 지우지 못하는 그대를 위해
지구의 반대 열대 우림으로 우리 떠나자
아니 그대 눈물을 위해 우리 떠나자.

정신

잔인한 눈물이여
물어 뜯음이여
죽지않는 처절함이여
굴복하지도 소멸하지도 않을

그것은 사람이 아닌
물신이 아닌

누군가 소유하지만
아무도 없이 홀로 남아
오로지 더욱 빛나는

안개 속 광명을 지운
눈 부시시 않는 흰 해여

그리움의 알갱이

다음은 언제인가요
다음 날, 다음 달, 다음 해, 다음 십년, 다음 생애, 다음 세상
다음이라고 말하지 마요
차라리 '이젠 보지 않기로 합시다'라고 말해 주세요
그러면 더 이상 미련을 갖지 않겠지요
아마 상처가 되지 않도록
돌려 하는 말인지는 몰라도
비오는 연못가 무심한 돌팔매질에
개구리는 모두 숨을 죽이고
목숨을 꿀꺽 삼키지요
그러나 다음이란 다행한 말이에요
그 안엔 그리움의 알갱이가 들어 있어요
쓴맛나는
죽을 만큼만 아니라면 괜찮아요.

흰개꼬리

내 꼬리는 흰 개꼬리
3년 묻은 꼬리 꺼내보니
아직도 흰 꼬리라네

아직도 변하지 않은 것 또 있다네

"진정 내 꼬리일까"하고
행여 나말고 상대의 꼬리 아닌가 의심하네

풀매기

항상 곁에 있을거요
밀쳐내도 아무리 밀쳐내도
나 되돌아가 자랄거요

행려같은 눈물로 좋은 날 잡아
그 죄목으로
기꺼이 풀뿌리 다 뽑혀도

떨군 잔뿌리로 남아
아무리 밀쳐내도
나 되돌아가 자랄거요

갈치 한 상자

제주 여자 만나 제주에 살고 있지만
서울 사람입니다
미니버스 기사 양반 선글라스 고쳐 쓰며 말했다
제 질문에 맞히시는 분에게는
은갈치 한 상자 포상하겠습니다
이제는 5.16 도로 거의 사용하지 않습니다

그는 길가에 녹색 가로수 가르키며
'저 가로수는 뭔 나무입니까?' 하며 질문했다
나는 깜짝 놀랐다 지난번 제주 올 때
겨울에 빨간 구슬 열매를 맺는 가로수가 '먼나무'라고 불린다는 말을
재밌게 들어 잘 알고 있었기 때문이었다
답을 말하면 은갈치 한 상자는 떼논 당상이었다
아무도 답하는 사람은 없었다
갈치 한 상자는 기사분 하루 일당이 아니지 않는가
두근거리는 가슴을 억누르며 '아서라 모르는 걸로 하자'
결국 포상은 없었고 덧붙여 제주 고사리 꺾기 대회에서 1등 포상은
똥돼지 새끼 한 마리라는 것도 알게 되었다

며칠 후 나에게 모질다고 그렇게 인정도 없다는 그녀에게
'아니야 나도 마음 여리다고 은갈치 한상자 기사분 측은해서
포기 했거늘' 하고 자랑했다
'선행을 이용해 먹으면 악행이 될텐데' 하는 생각도 있었지만

화재위험

전기 래디에이터
플러그 빼고 방문 나선다
문 닫히면 자동 잠긴다
디지털 번호 자물쇠 경보시스템 24시간 작동

현관문 나서다 전기 래디에이터 생각난다
플러그 뺀 것 같은데 확신은 없다
어제와 오늘 구별되는 인지기억의 특징이 없다
다시 승강기 타고 방문 앞에서 비밀번호 누른다
역시 플러그는 빠져있다
그러면 그렇지
엊그제는 집에까지 갔다 미심쩍어 다시 사무실로 돌아와 확인했다
강박관념 신경증인지 가까운 기억장애인지
아무튼 내 사무실 감시 CCTV 달고
스마트폰 모니터로 확인하면 될 날이 오겠지
그때는 내 사무실에서 비밀한 짓도 다 노출될 거야

화재위험과 사생활 노출위험 맞바꾸고
언제가는 생각마저도 감시 위험 속 살게 되겠지만

오늘은 이대로 하룻밤 걱정없이 잘 수 있겠지

그날은 꿈 속에서 전기래디에터 플러그를 점검하진 않았다

매실

매화 화사하게 피던 이른 봄 가더니
이젠 무더운 6월에
매화잎 무성하더이다
지난 주 시골 농장 주렁주렁 열린 청매실 보고
이번주 식구들 더불어 갔더니
황매실 되었다오
반찬에는 청매실 쓰인다고 다 때가 있나보오
겨우 우듬지 달린 청매실 몇 따서 돌아왔소
사람들은 겨울에 피는 매화에 경탄하더니
매화나무 열매가 매실인 줄 모르더이다
하동포구 섬진강 매화는
역병도 쫓는다는 실과를 얻기 위해
눈발 속에서도 빙결하는 향기를 녹이는
엄동설한 겨울 수행마치고
가슴에 헹군 한 움큼의 알몸으로
강물따라 햇살에 탱글탱글한 녹음따라
하동포구 칠십 리 간다오.

상의上衣 입고 벗는 요령

상의 입을 때는
먼저 아픈쪽 팔을 소매에 뀐다
다음 정상 팔을 꿰고

벗을 때는
먼저 정상 팔을 소매에서 뺀다
다음 아픈쪽 팔을 보조하며 소매에서 팔을 빼게 한다

우견 회전근개 파열 손상 때문에
재활치료를 받아야 했는데
매사 손상은 눈 깜박이나 회복은 항상 오랜 시간이 걸린다
상의 입고 벗는 요령의 기술은 복잡한 문법이다
요약하면 '입을 때는 아픈팔부터 벗을 때는 정상 팔부터'

요령은 이론보다 실습에 의해 습득된다
상의 입고 벗는 상황의 재현은 단순하고 명료하게
아날로그 기억에 명징하게 남을 수 있게 한다

생애 사는 요령은 더 기술하기 어렵겠지
상처치유의 요령은 문장과 방점으로 충분할까

실습하지 못할 치유요령은 결국 유기된다
삶의 재활은 쉽지 않을 것이다,

눈빛

그는 나의 갑이다.
한동안 미화원 천직을 갖고
3시에는 일어나 일 나간다고 했다
큰딸 몇 년 전에 여의고 둘째는 아직 집에 있다고
요즈음 가끔 둘째 딸 따라와 얼굴 볼 수 있었다
큰딸 안부 묻자
기운 없이 그는 말했다
'멀리 울산에 살고 애기도 있는데
아직 혼인식을 못 올렸다오'
의아한 내 얼굴 보고 한숨 쉬며
'사실은 집사람이 반대한 결혼이라
멀리 떨어져 살아도 내왕이 없다오.'
나는 무심코 대답했다
'자식 이기는 부모 없다고 하던데요.'
'그러게요.'
허공을 바라보는 그의 눈빛을 보지 않으려고
나는 고개를 떨구었다
자식 이기려는 내가 부끄러웠다.

초설初雪

엊그제 구절초 흰꽃이 소복하더니
음력 10월 모일 내 귀빠진 날 지나자
눈보라 흰 사선들 불현듯 세상을 내리 휩쓸고 있었다
"큰아 날 때는 그 시절 춥고 첫눈이 왔어야
해산하고 첫 미역국 먹은 후 첫닭이 울었제"
그로부터 늦가을이 자꾸 밀리고 밀렸다
이젠 육십갑자 지내니
다시 그 세월이 온 것이 아닌가 하고
요양병원에 계신 어머님께 여쭈어야 하는데
원망만 안겨드린 아들이 되었다
아버님 삭풍 눈보라 아래 생전처럼 과묵히 말씀 없으시겠지
지나온 세월이 불빛으로 어른거리는 창가에
철없이 미어지는 어둔 그림자가 가슴에 쌓인 먼 눈길을 걷는다
싸인 눈더미 쏟아지던 유년의 후원
대밭을 돌아 동산을 걸어갔다
부모님한테 혼나고 눈물바람 올라가 먼산을 바라보던 그 동산
나도 이젠 부모가 되었는데
그 동산에 불던 눈보라가
오늘 육십갑자 내 얼굴을 때린다.

생명의 터

붉은 어깨 도요
알락꼬리 마도요를 아시나요
국제 자연 보존연맹의 멸종위기종

우리의 습지와 조류 근황을 아시나요
강 건강하고 갯벌이 살아 숨쉴 때까지 찾아오는
호사비오리, 넓적부리 도요

습지와 새들의 친구 눈푸른 이국인 나일 무어스
4살 때 청각복원 수술 후
지붕을 나는 기러기가 내는 천상의 나팔소리에 끌려
그는 새들의 반려인 되었어요

소박한 그의 꿈은
한반도 다음 세대에 물새의 서식지를
보여주는 일이라고
18년째 발 부르트게 서해안 찾아 다닌다는데

멀쩡하게 방한화 속에 있는 우리 발은
무척 부끄러워 갈퀴 발가락 되었네요

겨울친구

처음 뿌리 내린 자리
평생 지키는 이 어디 있으랴

혼신을 다해 잎 피우고 꽃 피우고
비바람 견디며 살아가는
그래서 잎마저 석양에 물들게 하고
땅에 내려주는

찬 땅에 흰 뿌리내리고
잔가지 잎새 눈보라 쓸어내며
휘지 않는 몸피로 굳건한

그래서 살 얼어 터지는 한파에도
신음 소리마저도 얼음기둥이 된
홀로 살기를 각오한
네 흰 골격이 나부낀다

부단히 마른 눈발 떠다니고
먼산 흐려지는 날
언땅에 맨발인 친구여

죽음처럼 꿈적않고 네 등을 스치는 눈발과
차갑게 흩뿌리는 겨울비 외투되어 펄럭인다

때로는 그 외투마저 벗은 나목으로
세상을 지키는 침묵인 것을

그대의 손

부드러운 봄 햇살 아래
산골천 물 흐르네
몸 부비며 작은 피라미 팔딱이네
손안에 따뜻한 음율 숨 쉬고 있었네

내 안에서 한때는 겨울 빙결이었던
그래서 밤마다 상채기였던
인고의 겨울 지나고
이 봄에 젖니로 솟더니
속삭임 꿈틀이네

간지러운 내 손
가슴이 전율하네
숨 멎은 별빛이 떨어지네

내 투박한 손 부끄럽네

겨울 도자요

얼음과 찬 흙은
때론 물성이 같다
한몸의 성분이 된다
찬 손과 찬 흙은 본성이 다르나
한 몸으로 굳을 수 있다
따뜻해진 손은 찬 흙을 어루만지고 데운다
손과 찬기 가신 흙은 한몸으로 밀착한다
서투른 경계를 넘어
서로를 정돈하면
흥건한 아픔이 손가락을 타고
도자토 피 내게 돌 때
비로소 나는 곱게 숙성한 겨울 수병이 된다,

잔치국수 양푼국수

늦은 점심하러
지난번 다녀온 분식집 찾았다
공직에서 나와 이제 개업한 키큰 아저씨
오늘 첨뵙는 인상 깔끔한 할머니 더불어
비좁은 주방에서 분주하다
"어머니가 그랬지요." 할머니 탓하는 아저씨 목소리
아마 오늘은 아주머니 대신 어머님과 함께 장사하는가 보다
3천원 잔치 국수 주문하고 물 한 잔 마셨다
손잡이 달린 자그만 양은 냄비
그 어머님 손수 국수 끓이고 국물 붓고
그 위에 잘게 썰린 김치 고명 놓으시고
나는 얼른 국수냄비 받아들고
시장이 반찬되어 젓가락 들고 후룩후룩 먹었다
국물 시원했다
문득 요양병원 계신 편찮으신 어머님 생각했다
어렸을 때 국수 끓여 새우 육수 붓고 양푼으로 먹었던 양푼국수
그 양푼 국수 먹고 개구쟁이 시절 쑥쑥 자랐다
"어머님 맛있게 잘 먹었습니다."
나는 큰 언성으로 말하고 분식집 나왔다
분식집 어머님께
요양병원 어머님께도 들으시라고

뒤집기

누나라고 이수 앞가슴 다독이며
자장가 웅얼웅얼 흉내 내는 가은이
엊그제 팔다리 들고 머리 이기고
몇 번이나 누워서 뒤집기 시도하더니 어느날 성공했다
식구들 박수 치고 자기도 따라서 어줍게 박수 치더니
이젠 이수도 뒤집기 시작했다
천장과 하늘만 보더니
이젠 바닥과 땅을 보고 싶은 거지
하늘에서 뚝 떨어져 땅에서 살아야 하는
운명 이미 알고 있었나봐
하늘 유유히 떠도는 새도
푸르게 겹겹히 멀어지는 능선
구불구불 반짝이며 흐르는 강물
바람 안개 스치는 들녘과 숲 보며 날듯이
이수 이제 하늘에서 땅 엎디어 바라보아야겠지
복잡한 지상의 길 지도 읽고 기후와 재난 알고
지나온 날 뒤돌아 볼 때 되면
어젠가 뒤집기마저 어려운
한번은 자신도 조상이 되어가는 것을 생각해 보겠지
우리처럼

해설

도시와 농촌을 배회하는 방랑자의 비망록

양병호 시인 · 전북대 국문과 교수

도시와 농촌을 배회하는 방랑자의 비망록

양병호 시인 · 전북대 국문과 교수

1. 가혹한 현대 도시문명의 공허함에 대한 성찰과 반성

김대곤 시인은 정직하다. 그는 자신이 직접 체험한 것만을 시로 쓰기 때문이다. 그리하여 그의 시집은 자신이 몸소 체험한 것을 기록한 비망록의 성격을 띠고 있다. 말하자면 그의 시는 지독한 현실체험주의의 면모를 지니고 있다. 그는 자신이 몸담고 있는 환경과 세계와의 관계에 민감하다. 그는 자신이 살아내는 그리고 살아내야 할 환경과 세계와의 소통을 시로 형상화한다.

시인은 자신을 에워싸고 있는 세계의 다양한 현상에 대해 주목한다. 그것들은 현대 문명의 다양한 표정, 그 문명과 더불어 살아가는 사람들의 생활과 삶의 의미, 자아 존재의 삶의 가치, 소소한 일상의 의의와 가치 등으로 요약할 수 있다. 그는 자신이 직접 체험한 것으로부터 상상력을 발동시킨다. 그리하여 그의 시는 항용 사유로만 이루어진 시가 보이는 공허함을 극복한다. 그러나 시인은 자신의 소소한 일상 체험으로부터 시작하여 세계의 거대한 구조가 지니고 있는 메카니즘으로까지 나아간다. 그의 상상력은 직접 체험한 현실로부터 동심원을 그려 세계의 비의로까지 확장되어 나가는 파동을 일으키는 것이다.

한편 현실과 일상의 직접 체험에 깊이 뿌리를 내린 그의 시는 휴머니즘적 상상력으로 서정성을 강화한다. 그 휴머니즘의 바탕에는 지나온 과거의 유년 체험이 자리 잡고 있다. 말하자면 그의 시는 현재 지금의 공간을 현대 문명의 세례를 받으며 살아가는 비정하고 냉혹한 세계로 인식한다. 반면에 과거 유년의 공간을 자연과 조화를 이루거나 자연에 순응하며 자족하는 평화롭고 행복한 세계로 추억한다.

그런데 현재의 공간은 문명이 집약되어 있는 도시로, 과거의 공간은 자연으로 대표되는 농촌으로 표상되어 있다. 따라서 시인의 세계 인식은 공간적 측면에서 도시와 농촌의 이항대립성, 시간적 측면에서 과거와 현재의 이항대립성을 보인다. 범박하게 말하자면 김대곤 시는 황량한 현대 도시 문명 하에 위태롭게 삶을 치루어내는 불행한 현대인들의 초상을 형상화하고 있다. 그리고 이에 대한 대안으로 과거 유년의 농촌에서의 평화로운 삶을 그리워하고 있다.

김대곤 시는 아련하고 조찰하고 연약하고 희미하고 가녀린 정서를 은은하게 풍기는 매력이 있다. 이는 그의 시의 정서적 특질이다. 그런데 그의 시의 이러한 특질은 시적 대상에 대한 시인/ 화자의 태도로 인해 유발된다. 왜냐하면 시인은 시적 대상과 그리움과 외로움의 관계 맺음을 하고 있기 때문이다. 나아가 시인은 자신이 지탱하고 의지해온 대상들이 현대문명으로 인해 소멸되어가는 상황을 노래하고 있기 때문이기도 하다.

또한 시인은 세계로부터의 소외로 인한 쓸쓸함과 허무의 자세를 보이고 있다. 그 소외의 정서는 문명의 발달로 인하여 시인이 세계의 전체상을 파악하고 있지 못하기 때문이다. 뿐만 아니라 시인은 문명의 발전으로 인하여 세계와 동일화되지 못하고 격리되어 있기 때문이기도 하다. 하여 시인은 현대 문명 생활에서 오는 격리감과 소외감을 페이소스로 표출한다. 말하자면 그의 시는 슬픔의 정조로 물들어 있다. 그런데 그 슬픔은 과도하거나 넘치는 것이 아니라 아련하고 희미하게 배어나오는 성향을 보인다. 따라서 그의 시의 정조는 애이불비哀而不悲의 특징을 보인다.

현대 문명으로 인해 왜곡되고 불구적인 삶을 이루는 현대인들의 목소리를 드러내는 시편을 보자.

지난 9월에 완공된 102번 송전탑
아파트 30층 높이 765KV
'내 땅에 절대 송전탑을 세우지 말라'
유언 남긴 이치우 씨
2012년 1월 16일 분신 이후
그는 이제 마을 사람이 아니다

2013년 12월 2일 음독한 유한숙 씨도
이젠 주민도 면민도 아니다
모두 대한민국 국적을 잃었다
그리고 69기의 송전탑이 조립완료 되었다

질기고 질긴 '밀양 송전탑 촛불집회'
마을 사랑방을 돌고
밀양 영남루 앞 계단
매주 토요일 저녁마다 촛불을 든다

철골조로 우뚝 선 4층 탑
번개나 천둥이 강물소리로 흐르는
철가시로 용접된 탑을 돌아
밤이면 훌렁훌렁 혼불이 걷는다

민심은 천심이라 했거늘
언어가 다른 들판에
역모의 철탑을 절름거리며 도는
흰 이빨 드러내고 혼불이 웃는다 운다

나도 따라 웃는다 운다
이 야밤의 창가에 서성이며
내 가슴에 세워진 웅웅거리는 송전탑을 돈다.

—「산외면 보라마을 송전탑」 전문

이 시는 2012-2013년 경남 밀양군 산외면 보라마을에서 일어난 송전탑 건설 반대 운동을 사실적으로 묘사하고 있다. 그 사실성은 시의 소재가 현실에서 취재된 실재인 탓도 있지만, 특히 기사문의 문체로 기술되고 있다는 점이 사실성을 강화하고 있다.

시의 전반부에선 2012-2013년도 경남 밀양에서 일어난 비극적 상황이 시적 화자의 정서적 개입없이 무미건조하고 담담한 문체로 제시되고 있다. 말하자면 시인의 감정이나 주관적 응시를 배제한 채 당시의 상황을 객관적인 시각으로 묘사하고 있다. 이러한 화자의 객관적인 태도는 현실의 비극성을 객관화함으로써 관점을 두드러지게 하는 효과를 성취한다.

1-2연에서는 송전탑 건설을 반대하며 분신과 음독으로 운명을 달리한 마을 주민들에 대한 구체적인 사실이 제시되고 있다. 그러나 이들의 죽음과 무관하게 송전탑은 건설되고 말았다는 사실이 대비되고 있다. 말하자면 송전탑 건설과 마을 주민의 죽음이 대립되고 있다. 이는 송전탑 건설이 결국 마을 주민의 죽음을 야기하고 말았다는 언표로 드러난 것이다.

3-4연은 밀양에 남은 주민들이 밤낮을 가리지 않고 송전탑 건설을 반대하는 촛불 시위를 하고 있는 광경을 제시하고 있다. 특히 송전탑의 재질이 철골과 철가시로 되어 있다는 사실을 강조함으로써 그 위해성을 강조하고 있다. 또한 마을 주민들의 야간 시위 풍경을 '혼불이 걷는' 것으로 묘사함으로써 죽은 자들에 대한 추모의 분위기를 부각시킴과 동시에 송전탑 건설에 반대하는 간절함과 곡진함을 아울러 환기하고 있다.

마지막 5-6연은 송전탑 건설을 반대하는 주민들의 심정과 시적 화자의 정서적 반응이 형상화되어 있다. 우선 주민들의 반대 명분은 '민심은 천심'이라는 경구를 통해 당위성을 확보한다. 나아가 송전탑 건설 행위를 '역모'로 단정함으로써 순리에 어긋난 건설 행위임을 주관적으로 드러낸다. 그리고 송전탑 건설에 반응하는 주민들의 행위를 '혼불이 웃고 우는' 광태로 드러낸다. 이는 부조리하고 불합리한 송전탑 건설에 대해 주민들이 어처구니없어서 웃는 것이며, 한편으로 비극적 현실에 대해 슬픔을 표출하는 것이기도 하다.

이러한 상황에 직면하여 화자는 마침내 6연에서 그들의 심정과 동일화된다. 1-5연까지 냉정하게 객관적 태도를 취해오던 화자는 6연에 이르러 주민들과 감정적 유대감을 갖게 되는 것이다. 이 시는 결국 송전탑 건설이라는 문명 행위의 이율배반적 위해성에 대해 고발하는 형식을 취하고 있다.

그런데 이처럼 현대 문명의 비인간성, 냉혹성, 위해성에 대한 시인의 시선은 다양하게 형상화되고 있다. 예컨대, 아래 인용시는 '반핵 군축'에 대한 내용을 기사의 형식으로 형상화하고 있다. 특히 시적 화자의 반핵 군축 운동에 대한 반응이 주목된다. 그는 도시/문명에서의 삶은 '치욕'이라는 명제에 도달한다. 말하자면 화자는 세계 각국의 치열한 핵 무장 경향이 도시적 삶과 깊이 관련되어 있다는 인식을 보인다. 이러한 인식은 비약적이지만 도시가 문명의 집적지임을 감안하면 핵이야말로 문명으로 인해 생성된 것이라는 관점인 것이다. 나아가 화자는 도시 문명에서의 삶을 '우유부단하고 기회적인 행동'이라고 토로한다. 이는 그 동안 도시 문명에서의 삶이 방황의 속성을 지니고 있었다는 자아 성찰과 반성으로까지 나아가는 것이다.

테네시주 녹스빌 연방지원은 오늘(2014.02.18) 84세의 노파에게 징역 35개월을 선고했다.

'남은 삶을 감옥에서 보내는 건 더없는 영광'이라고
그 수녀님은 반핵 군축 직접행동에 대해 최후 진술했다.
나도 혼탁한 세상의 법정에서
그 동안의 우유부단하고 기회적인 직접행동에 대한
마무리 진술을 준비해야겠다
'남은 삶을 이 도심에서 보내는 건 더없는 치욕'이라고
—「최후진술」 부분

도시 문명에서의 방랑적인 삶에 대한 표상은 이번 시집의 도처에서 산발적으로 발견된다. 예컨대, 집비둘기의 슬픈 축출을 고발하는「집비둘기의 축출」, 야생성과 원시성이 소멸되어 버린 현대의 삭막한 도시 풍경을 서정적으로 형상화한「도심 속의 파미르」 등에서 도시에서의 문명의 삶에 대한 부정적 성찰이 이루어지고 있다.

한편 시인은 다양한 문명으로 인한 환경 훼손과 파괴를 안타까운 시선으로 포착하고 있다. 이러한 범주에 소속되는 시편들에서는 왜곡되고 파탄이 난 환경 생태의 상황을 지적함과 동시에 유기적인 자연 질서의 회복을 희구하고 있다.

바람을 타고 하늘로 하늘로
가오리연이 되어 활강하는 큰새

바람이 낸 길을 따라
그 공간의 틈새를 스치다

날갯짓 유장하게
밀물 겹겹이 지워지는 유년

맘 한 곳 기억 한편에
알 듯 모를 듯 그리움으로
저녁하늘에 놀빛에 비키어 떠오르는 새

우렁이 전설을 뒤로
이젠 아무르 강가에서
가끔은 회상으로 정적의 책장을 넘기면
부리에 큰 노을이 걸려 찢기운다

갸우뚱
다가오는 어둠을 의심한다
사랑마저도 의심한다
돌아갈 수 없는 먼 한반도 포성소리 들으며

—「황새」 전문

이 시는 유년의 기억 속에 존재하는 황새를 추억하며, 현재 한반도에 찾아오지 않는 상황을 제시하고 있다. 화자는 황새가 한반도에 날아오지 않는 이유가 '포성소리' 때문이라고 인지한다. 물론 일차적으로는 분단 상황이라는 정치적 이유가 드러나지만 이차적으로는 분단으로 인한 환경 생태의 파괴로 독해할 수 있다.

유년 공간에 존재하는 황새는 '바람'과 순응 조화를 이루는 화평한 속성을 지니고 있다. 말하자면 황새는 평화로운 삶을 지속하는 긍정적인 자연의 상황을 표상하는 존재이다. 그 황새는 '바람'이 환기하는 자유롭고 역동적인 운행 질서를 따라 삶을 영위하는 존재이다. 그러나 황새는 현재의 공간에 존재하지 않는다. 화자는 오로지 유년의 기억 공간에만 존재하는 황새를 그리워한다. 화자의 기억 공간은 매우 평화롭고 화평한 세계로 형상화된다. 이러한 화자의 인지 태도는 황새와 유년에 대한 서정적 분위기를 유발한다.

황새는 현재 몽골의 아무르 강가에서만 서식한다. 그리하여 화자는 회상을 통해서만 황새와 조우한다. 부재하는 황새에 대한 추억은 '우렁이 전설'처럼 지극히 신비롭고 아름다운 장면으로 부각된다. 그러나 한편 그 아름다운 추억은 "부리에 큰 노을이 걸려 찢기우는" 비극적인 상황으로 전도된다.

나아가 황새는 아무르 강가에 붙박여 한반도로 이동할 수 없는 현실 때문에 세계를 의심할 수밖에 없는 부정적 상황에 놓인다. 황새는 '다가오는 어둠'/ 불안한 세계 인식뿐만 아니라 심지어 '사랑'까지도 확신하지 못하는 절대적인 부정적 세계 인식에 함몰된다. 이 시는 자연, 환경, 생태의 불완전한 질서로 인한 비극적 세계 인식을 서정적으로 묘파하고 있다.

이처럼 김대곤 시인은 자연 환경의 완전성이 파괴되어 유기체적 생태가 원활하지 못한 세계에 대한 경고와 우려를 다양한 시선으로 형상화하고 있다. 이를테면, 환경 생태의 훼손을 쓸쓸한 서정으로 노래하고 있는 「순천만 흑두루미」, 두루미의 멸종 위기에 대한 안타까움을 직접적으로 표출하고 있는 「안변 프로젝트」 등에서 자연 생태의 위기를 반복하여 경고하고 있다.

2. 순수한 유년의 추억과 자연 친화적인 삶의 희구

김대곤 시인은 그 동안 출간한 시집을 통해 자신이 직접 체득한 유년 공간의 농촌 경험을 유별나게 아름다운 서정성으로 형상화한 바 있다. 어찌 보면 이러한 전통 서정시가 시인의 일관된 시정신을 대표하는 경향이 있다. 그는 화평하고 긍정적인 세계를 순수 서정으로 노래할 때 감동을 주는데 익숙하기 때문이다. 시인이 제시하는 유년의 농촌 체험은 거의 낭만주의 시각을 통해 긍정적인 세계로 표상되고 있다. 이는 김대곤 시인의 시작 활동을 관통하는 원형질로 이해된다.

이처럼 지나온 과거 세계는 시인에게 긍정적이고 화평한 세계로 인지된다. 반면에 현재 자신이 몸담고 있는 현재 세계는 부정적이고 비극적인 세계로 인지된다. 앞에서 살펴보았듯이 그는 현재 세계는 문명의 과도한 발달로 인하여 여러 모순된 상황을 드러내고 있다고 본다. 그 문명의 탐욕스런 발전으로 인하여 세계는 유기체성을 손상 당하고 환경 파괴의 실상을 드러낸다. 현대인들은 이러한 파탄의 불합리한 세계에서 파편적이고 반복적인 삶을 이룸으로써 권태와 소외의 지경에 함몰된다.

시인은 현대사회의 문명이 초래하는 불모성, 비합리성, 익명성, 파탄성에 대해 시 작업을 통해 경고하거나 주의를 환기한다.

그리고 아울러 현대사회의 문명을 살아가는 현대인들의 외롭고 쓸쓸한 초상을 서정성 짙은 페이소스로 형상화하기도 한다. 예컨대 문명으로 인해 자연으로부터 소외당한 현대인들의 허전한 내면세계를 우수어린 분위기로 드러낸다. 달리 말해 시인은 문명의 세례를 받은 고독한 현대인들의 우울하고 쓸쓸한 정서를 즐겨 포착하는 경향이 있다.

그런데 시인은 이러한 현대인들의 외롭고 쓸쓸한 내면을 위로하고 치유할 수 있는 대안 기제로 농촌의 유기적 자연관을 제시한다. 즉 그는 순수한 유년의 추억을 통해 자연 친화적인 삶을 희구하는 서정을 노래한다. 시인에게 자연은 삶의 이상적인 모델로 작동한다. 자연은 인간에게 화평하고 긍정적인 이법을 제시한다. 자연은 변화하지 않고 일관된 생의 질서를 다양한 자연 현상으로 재현한다. 자연의 순리에 맞추어 이루는 삶은 문명의 발달로 인해 소외받은 현대인들에게 안락의 질서를 제공한다. 시인은 부조리하고 불합리한 문명세계로부터 받은 상처와 굴욕을 자연 친화적인 삶을 통해 치유받을 수 있다고 믿는다.

세상의 빈 공간은
기다림의 쓸쓸한 등을 갖고 있다

하늘은 새와 구름과 붉은 놀에게
땅은 풀과 나무와 햇살에게
강물은 수초와 물고기에게
바다는 파도와 섬과 수평선에게

쓰다듬기에는 물결 같은 바람의 곡면이었다

기억의 오랜 집에 우수수 날던
어둠의 그림자 새떼처럼 내쫓고
넉넉한 황금빛 햇살을 잡아당겨
칭칭 하늘을 감는다

토란잎 위
아침의 잠자리 푸른 눈알이 구르는 소리
오두막 텃밭에 들꽃도 심어
나비도 염소도 부드러운 풀밭에 눕는 소리

해질녘이면 지평선에 뜬 노을
어스름 흔들며 기다림이 홀로 선 곳

지상의 여백을 조금
우리의 몫으로 채우며 산다
우리의 생애까지만
하늘과 땅과 강물과 바다는 언제나 비지 않았던
원근법 가득한 투명한 공간이었다.

—「지상의 빈 공간」 전문

이 시는 자연의 무한한 포용력과 평화로운 조화의 정신을 아름다운 서정으로 형상화하고 있다. 여기서 자연은 '빈 공간',

'여백'으로 표상되고 있다. 즉 자연은 '빔' 혹은 '비어 있음'으로 존재하는 속성을 지니고 있다. 그 '빔', '여백'은 타자를 포용하기 위한 공간이며, 순환론적 관점에서 다시 비우기 위한 여백이기도 하다. 말하자면 이 시는 채우고 비우는 과정을 무한 반복하는 자연의 순환론적 특징과 타자를 포용하는 대자연의 융합 정신을 드러내고 있다.

1연은 세상의 '빔'이 채워지기를 기대하는 자세를 표상한다. 그 자세는 기다림의 '등'으로 은유화 된다. 나아가 그 자세는 쓸쓸함이라는 서정으로 윤색되고 있다. 말하자면 자연의 여백은 채워지기 위한 기다림의 태도를 드러낸다. 자연의 포용력은 타자를 위해 외로움을 견디는 고행의 자세를 보인다.

2연은 자연의 큰 범주에 속하는 '하늘, 땅, 강물, 바다'와 각각의 하위 범주에 속하는 구성소들의 관계가 적시되어 있다. '하늘'은 그 구성소인 '새, 구름, 놀'과 "물결 같은 바람의 곡면"이라는 은유로 관계 맺음을 하고 있다. 이를 풀어서 보면, 하늘과 새, 구름, 놀은 서로 상호 조응하는 관계인 것이다. 마찬가지로 땅, 강물, 바다도 각각의 하위 구성소들과 상호 조응하는 화평한 관계로 설정되어 있다. 거시적 시각으로 보면, 자연의 위계에 따른 구성소들이 서로서로 존재의 역할을 수행하며 평화로운 유기적 세계를 구축하고 있다.

3연에서는 화자의 정서가 직접 노출되어 있다. 화자는 자신의 '기억'에 존재하는 '어둠의 그림자'/ 부정적인 세계상을 제거하고, 긍정적이고 화평한 세계를 연출하고 싶은 욕망을 지니고 있다. 이 3연은 '어둠의 그림자'라는 부정적인 의미소와

'넉넉한 황금빛 햇살'이라는 긍정적인 의미소의 대립을 통해 이원론적 세계관이 표상되고 있다. 다시 4연에서 화자는 긍정적이고 화평한 세계의 모습을 '소리' 감각을 통해 형상화하고 있다. 여기에 제시된 세계의 풍경은 지극히 평화스러운 조화의 구조로 드러난다.

5, 6연 역시 자연의 순수한 조화와 융합의 세계가 표상되어 있다. 저녁 무렵 노을이 자연 구성소들이 안식을 위하여 돌아오기를 기다리는 고즈넉한 분위기가 제시된다. 우리 인간은 살아 있는 동안 그 자연의 이법에 순응하며 자연의 여백을 빌려 쓰는 존재인 것이다. 자연은 인간의 생성 소멸에 영향 받지 않고 항구적으로 비우고 채우는 이법을 수행하고 있다. 예컨대 자연은 채웠으되 채워지지 않고, 비웠으되 비워지지 않은 '투명한 공간'인 것이다. 역설적으로 자연은 공즉시색 색즉시공空卽是色 色卽是空의 경지인 것이다.

바람 부는 날 실꾸리 풀며
연을 날린다
긴꼬리 가오리연
삼촌들 물레 풀며 네모난 방패연 날린다
삼삼히 보이지 않는 실을 따라
눈발 날리고 바람도 날리고
아버지 꾸중도 날리고 어머니 나무람도 날린다
들판과 하늘이 너무 넓어 어지러운 날
우리는 마음대로 까불고 마음대로 춤추고

달리고 넘어지고 웃다가 까무라친다

—「연」 부분

이 시는 유년의 추억인 연 날리기의 광경을 맑고 투명하게 그리고 있다. 특히 순수한 동심이 연 날리기 놀이와 교직되어 역동성을 강화하고 있다. 연 날리는 행위의 역동성은 이 시의 발랄한 리듬과 맞물려 효과가 배가되고 있다. 이 시의 경쾌하고 발랄한 음악성은 연결형 어미 '~고'와 '날린다'는 어휘의 반복을 통해 형성되고 있다. 즉 어린이들의 연 날리는 경쾌한 놀이의 의미와 리드미컬한 형식이 조화를 이루어 미학성을 성취하고 있다.

연을 날리는 행위는 단순한 의미를 벗어나 어린이들의 불확정적인 미래를 향한 설렘이 함축된 것이다. 어린이들의 미래 불확정성은 무방향성을 지닌 '바람이 분다'는 사실과 '삼삼히 보이지 않는'의 직접적인 언표를 통해 환기된다. 어린이들의 연 날리는 행위는 '까불고' 춤추는 '놀이'로서의 행위, '꾸중'과 '나무람'의 해소 행위, 확정되지 않은 미래를 향한 설렘의 행위를 내포하고 있다. 유년의 공간은 '들판과 하늘이 너무 넓어' 어지러울 정도로 무한한 가능성을 지니고 있다. 이 시는 그러한 광대무변의 공간에서 이루어지는 유년의 삶을 역동적이고 순수한 연 날리는 행위를 통해 사실적으로 그려내고 있다.

목감기 걸려 아버지 따라

국물 목젖 헹궈야 한다고

누런 황소 꼬리 쇠파리 쫓던 쇠장터 국밥 집

간이 판자 뚝배기 앞에 앉아
약발에 대한 간절함이었다

추운 날 벙거지 모자 쓰고 배추 몇 접 팔고나면
어머니 따라 천막 친 국밥집
시린 손 녹인 따뜻한 뚝배기
허기에 대한 기도였다

최루탄 자욱한 골목 지나 연행되어
자술서 썼던 흉흉한 밤 지난 새벽
이모부 불러 주신 해장국 한 그릇
미래에 대한 불안한 전조였다

컵 두 잔 물 따라놓고 식당 의자 앉아
내장과 정구지 가득한 순대국밥
식구들 떠난 뒤 고단한 삶도 다 살았다고
정중하게 숟갈로 뜬 묘비명이었다

매큼하고 구수한 그 맛은
예전이나 지금이나 다르지 않는데
국밥 굽어보는 세월 귀밑머리 다를 뿐
언제나 땀 흘리는 질그릇의 숨소리가 들렸다

— 「국밥의 진화」 전문

이 시는 '국밥'에 얽힌 에피소드를 순차적으로 구성한 다음, 시간의 흐름에 따른 국밥의 함축 의미의 변이를 토로하고 있다. 이 작품을 관통하는 상상력은 역시 국밥에 대한 추억이다. 화자의 성장 과정에 따른 국밥의 장면 제시를 통해 인생의 변화 과정이 형상화되고 있다. 농촌의 삶을 배경으로 한 국밥에 대한 추억은 질박하고 흐뭇한 서정을 선명하고 구체적으로 표상하고 있다.

1연에서 '국밥'은 목감기에 걸린 화자의 병을 치유하기 위한 건강보조제로 기능하고 있다. '아버지'에 의해 주도된 쇠장터 국밥은 은근한 부성애를 환기한다. 또한 소박한 시골 장터의 꾀죄죄한 풍경은 소탈한 서민 정서를 사실적으로 부각시킨다. 2연에서 '국밥'은 허기를 해소하기 위한 양식으로 기능하고 있다. 어머니와 함께 시장에 가서 배추를 팔고 난 뒤 허기를 해소하기 위해 먹는 국밥은 어머니의 모성애를 환기하는 흐뭇한 정서이다. 특히 가난 속에서 피어나는 가족애의 훈훈한 시적 정서가 장터의 분위기와 맞물려 배가 된다.

3연에서의 '국밥'은 대학 시절 시국에 대한 데모를 하다 경찰서에 연행되어 먹게 된다. 이 국밥은 경찰서에 연행된 화자가 갖는 공포와 불안을 해소시켜주는 기능을 한다. 역시 이모부가 제공하는 '국밥'은 농촌의 친족애를 환기한다. 4연의 국밥은 시식 주체가 밝혀 있지 않다. 그러나 문맥을 고려하면 시적 화자로 읽을 수 있다. 화자는 부인과 더불어 고단한 가족 부양의 일을 완수하고, 즉 자식들을 모두 길러 떠나보낸 뒤 홀가분한 마음으로 국밥을 먹는다. 그리하여 국밥은 인생을 마감하는 '묘비명'으로 환치된다. 자식 부양의 임무를 완수하고 국밥을 마주한 부부의 따뜻한 부부애가 정겨운 풍경으로 부각되고 있다.

5연은 화자가 '국밥'이 환기하는 함축적 이미지를 성찰하고 있다. 예컨대 '국밥'의 맛의 속성은 시간의 흐름에 관계없이 '매큼하고 구수한' 것으로 일관된다. 그런데 화자는 시간의 흐름에 따라 육신이 노쇠하게 변화하였다. 그럼에도 지나온 세월을 반추하는 화자에게 '국밥'은 '언제나 땀 흘리는 질그릇의 숨소리'가 투사되는 매체로 확인된다.

이 시는 '국밥'을 지나온 세월을 환기하는 주요 매체로 설정하여 의미를 부여하고 있다. 그 의미 부여는 1연-간절함, 2연-기도, 3연-전조, 4연-묘비명, 5연-땀으로 제시된다. 그리고 이 시를 관통하는 주된 정서는 가족애이다. 즉 시인은 국밥을 통해 자신의 지나온 세월을 추억함과 동시에 훈훈한 가족적 휴머니즘을 구축하고 있다. 이 시는 농촌의 삶을 질박하게 묘사함으로써 사실적 이미지 환기 효과를 훌륭하게 성취해내고 있는 가편이다.

3. 존재론적인 고민과 소시민의 소소한 일상의 편린들

시인은 부박한 도시 문명에서의 허약한 삶에 대한 성찰을 통해 바람직한 삶의 이정표를 추구하고 있다. 나아가 방향 없는 현재의 불안한 삶의 극복을 위해 자연친화적인 삶을 희구한다. 도시와 문명적 삶이 가져오는 소외와 외로움의 정서를 극복하기 위해 심리적으로는 과거 유년의 농촌을 그리워하고 추억하는 행위를 반복한다.

한편 시인은 삶과 죽음과 같은 인간의 근원적인 질문에 대한 고뇌도 형상화하고 있다. 즉 인간의 본질적인 존재론적 고민을 통해 바람직한 인간 존재의 위의를 표상하고 있다. 이러한 테마를 다룬 작품들은 그 배면에 인간의 숙명적인 외로움과 쓸쓸함의 정서를 매설하고 있다. 김대곤 시인의 작품에 특징적인 것은 이러한 인간의 근원적인 슬픔이 아리잠작하게 배어 있다는 점이다. 앞에서 말했듯이 시인의 서정은 연약하고 희미하고 가녀린 슬픔의 정조를 은은하게 환기한다는 점이다.

이웃들의 낮은 음성과
비틀린 눈빛 비키면서
우리는 정신없이 녹음 쇠잔해지는 것을 보았어
이 가을은 정녕 오고 있는 중인데
아마 우리 오해의 그림자는
도심과 그 야경의 욕망에서 비롯되었지

먼 발치 불빛 두어 개
어둠 속에 지칠 때
사랑도 조용히 아픈 눈을 감고

얼룩진 안경알
빈 밤 정원을 굽어보기 위해
침묵에 날선 서적을 덮고 서성이면
이 밤의 미세한 풀벌레소리
유리창에 갇히고

뒤돌아보지 말고 가라던
착잡한 슬픔
찬 알몸 같은 입맞춤 가지고 가려니
밤새 입석되어 적막의 통한 속에
죽더라도 원망하지 않을 거지

일상의 어둡고 비굴한 눈썹 비 씻기는 날
청명한 가을날에 네 차가운 달빛 같은 목을 감고
붉은 단풍으로 지리니
—「시월 블루」 전문

이 작품은 도시의 가을 서정을 존재론적 소멸과 교직하여 형상화하고 있다. 작품의 이면에는 근원을 알 수 없는 인간의 존재론적 슬픔이 은은하게 배어 있다. 삭막한 도시의 소외된 삶은 슬픔을 유발하는 기제이다. 그러나 화자는 그 존재론적 슬픔을 비껴가지 않는다. 그는 근원적 슬픔을 향유하고 즐기며, 나아가 슬픔 속으로 침잠한다. 그는 존재론적 슬픔에 기꺼이 감염되며 고즈넉이 수용한다. 그러한 시인의 자세는 죽음에 이르기까지 긍정적인 속성을 유지한다.

1연에서 도시에서 사는 사람들의 소통 부재는 심각하다. 그들은 서로 '눈빛'을 교환하지 않고 '비키면서' 생활한다. 그들은 '정신없이' 생활하며, 오로지 세월이 흘러가는 것을 막연히 감당할 뿐이다. 죽음의 계절인 겨울이 다가오기 전인 가을날, 그들은 이해의 소통을 하지 못한 채 무연히 '오해의 그림자'에 함몰되어 있다. 그들이 서로 소통하지 못하고 불신과 오해의 관계에 처해 있는 이유는 도시적 삶 때문이다. 도시의 탐욕은 야경으로 은유된다. 자연의 야경이 어둠인데 반하여 도시의 야경은 인위적인 불빛으로 찬란하기 때문이다. 말하자면 시인은 도시적 삶의 불모성과 황폐성을 드러내고 싶은 것이다.

2연에서 도시의 탐욕을 내포하는 야경 속에서 순수한 '불빛'은 '먼발치'에 존재한다. 그것도 '두어 개'로서 매우 희박한 상태이다. 그런데 더욱 비극적인 것은 그 '두어 개 불빛'이 '어둠' 속에 서서히 사위어가는 상황에 처해 있는 것이다. 그리하여 '사랑'조차도 더불어 사라져가는 형국이다. 도시의 가을은 야경의 탐욕에 자리를 내준 채 불화의 관계로 대치된다.

3연에서 화자는 도시의 삶에 '얼룩진' 자아의 인식 능력에 대해 주목한다. 그럼에도 화자는 '밤 정원'을 바라보며 순수한 자연을 그리워한다. 이는 도시의 삶으로부터 벗어나 순수한 자아와 대면하고 싶은 욕망 때문이다. 화자는 진정한 내면의 자아와 만나기 위하여 '날선 서적'을 덮고서 여전히 서성거린다. 그러나 '유리창'은 화자와 순수한 자연 공간을 단절시킨다. 말하자면 화자는 도시의 삶에 갇혀 순수한 자연과 조우하지 못하고 유폐되어 있는 것이다.

4연은 인생은 시간을 거역할 수 없는 것이므로 과거를 회상하지 말고 자연스럽게 나아갈 수밖에 없다는 숙명성에 대해 말하고 있다. 그 시간의 불가역성은 당연히 슬픔을 동반한다. 그리하여 화자는 어찌할 수 없는 운명에 따라 순수한 자연과 함께 하는 삶에 '찬 입맞춤'을 하고 살아간다. 화자는 그러한 운명에 순응하며

'적막'한 삶의 분위기에 동화된다. 나아가 시간에 종속되어 살아가는 인생을 긍정적으로 수용하는 태도를 취한다.

마지막 연에서 화자는 지루하고 권태로운 일상이 맑게 순화되는 가을날, 자신의 삶이 '단풍'처럼 아름답게 쇠락해가는 것을 응시한다. 이는 삶과 죽음의 섭리를 능동적으로 수용하는 태도이다. 시인은 만물이 조락하는 가을의 풍경을 바라보며 죽음을 인생의 본질적인 속성으로 파악하고 있다. 즉 자연의 표상을 통해 인생의 본질인 삶과 죽음에 대한 명상을 순연하게 치르고 있는 것이다.

선조로부터 유지 받은
이 겨울날의 비애는
어떤 답신이 없는 메시지로 남아
차가운 햇살에 부서지고

누군가에게 유물로 물려주지 말아야 할 때
겨울바람 빈 손가락으로 퉁기기만 해도
쩡쩡 어는 호숫가
들짐승의 기척도 사라진 뒤

허기 가득한 엄동 산하에
광채만 남은 비애를 눈 감고
속살 달빛 한 줄기
허공의 나뭇가지에 걸어 둔다

바라바리 싸서 준비한대로
홀연히 떠나는 탁발승의 발걸음 뒤로
얼음 조각 초승달이 떨어질 때.
—「겨울단상」 전문

이 시는 적막한 겨울 풍경을 통해 인생의 고독에 대해 형상화하고 있다. 겨울 풍경은 적막하고 또한 비애로 가득 차 있다. 그런데 이 겨울 풍경은 단지 슬픔의 서정적 분위기를 환기하는 것만이 아니다. 고요하고 적막한 겨울 산하에 대한 서경 묘사는 인간의 내면 풍경을 암시 함축하는 서정으로 변환되고 있다.

1연에서 겨울날의 비애는 임시적이거나 임의적인 정서가 아니라 '선조'로부터 이어온 것이다. 이는 인간의 고독과 슬픔이 원형질적인 것이어서 본질적이고 숙명적인 것임을 암시한다. 나아가 '답신이 없는 메시지'라는 표현은 이 인간의 고독과 비애가 해소될 수 없는 근원적인 것임을 내포한다.

2-3연은 겨울 풍경을 섬세하게 사실적으로 묘사한다. 차가운 겨울바람으로 인하여 호수도 적막으로 결빙되어 불모의 공간이 된다. 하여 호수는 모든 살아있는 생물들에게 물을 제공하지 못하는 엄혹한 죽음의 공간으로 변화한다. 고요와 적막에 꽁꽁 얼어붙은 산천은 '허기'로 충만한 공간이다. 그러나 허기와 적막과 비애로 충만한 비극적 공간은 '달빛 한 줄기'에 의해 흐뭇한 긍정의 공간으로 전이된다. 여기에 제시된 선명한 겨울밤의 달빛 이미지는 찬란한 비극미를 황홀하게 부각한다.

특히 마지막 연에서 '탁발승'과 '바리바리'의 대립은 '얼음조각 초승달'로 융합되어 의미의 진폭을 확장하고 있다. '탁발승'은 속세의 욕망에 구애받지 않고 정신적 충만을 위해 사는 사람이다. 그런데 그러한 존재 속성을 지닌 스님이 속세의 욕망을 '바리바리' 싸서 떠나는 운수행각을 하고 있다. 이는 인간의 심성에 자리잡은 존재 모순이다. 시적 화자 역시 겨울 풍경을 응시하며 인간은 절대 고독자이며, 존재론적 비애가 숙명임을 자각하고 있다. 그리하여 허공에 달빛이 쏟아지는 정밀한 겨울 풍경은 '초승달'이 얼음조각으로 변이되어 지상으로 떨어지는 부정적인 공간으로 치환된다. 이러한 점에서 이 시는 존재론적 모순 속에서 살아가야 하는 인간의 비극적 운명을 선명한 겨울밤 이미지를 통해 훌륭하게 구축하고 있다.

한창 젊은 직장동료인 그녀는
어느 날 올린 머리가 어떠냐고 물었다
말끝에 그녀는 가끔 일과가 끝나면 동료들과 하루 마감 이야기하면서
직장상사가 몰아붙이고 혼낸 일 때문에 울기도 한다고 했다
개인적 감정이 아니고 미워서도 아니고
일을 잘 배우라는 조언이나 지휘감독일 거라고 설명했다
-중략-
그 직장 상사는 사실 나였다
울음도 힐링인 것을 이제 알았다
그녀에게 무척 미안했다.

—「울음 치유」 부분

이 작품은 직장 생활을 하면서 겪는 일상의 애환을 형상화하고 있다. 화자와 직장 동료인 '그녀'는 일과 중 꾸지람을 '울음'으로 해소한다. 그런데 가장인 화자는 그 동안 자신이 '울음'을 잃어버리고 무감동적으로 세상을 살아왔음을 깨닫는다. 어찌 보면 남성 화자인 '그'는 일상의 반복으로 인해 감수성과 정서가 무디어졌을 것이다. 화자는 무디어진 자신의 감성을 성찰함과 동시에 반성하는 행동을 취한다. 일상의 단순 반복으로 인한 감성의 상실은 권태를 야기하고, 비인간성을 초래한다. 시인은 일상에서 겪는 소소한 체험을 통해 현대인들의 특성을 적절하게 형상화한다.

일상 경험의 시적 형상화는, 「생업」에서는 주차위반과 식사비의 모순 대립에 대한 자본주의적 성찰, 「족저근막염」에서는 소시민의 성실한 일상생활에서 오는 애환, 「해바라기 식구」에서는 가족 사이의 애끈한 가족애, 「식사시간」에서는 험난한 세상살이를 함께 겪으면서 생기는 부부애, 「화재위험」에서는 일상의 평범한 생활에서 반복되는 위험에 대한 강박관념, 「눈빛」에서는 부모와 자식 사이의 소통 부재에 대한 안타까움 등으로 드러나고 있다.

1월 삭풍 부는 산기슭
바람에 삽날을 씻고
한 삽 가슴에 언 흙을 뿌립니다
흙에서 흙으로 돌아가시는 날
아버지도 가시고
저희도 아버지 따라 가는 날

가슴에 붉은 흙덩이를 떨굽니다
난리통 완전군장 '엄니' 부르며
군화발로 덜걱덜걱 달려오셨던 천거리 골목 먼발치 돌아
어린 자식 떠내려갔던 요천강 굽이굽이 돌아
멧새 날던 미루나무 그늘, 멱 감던 허허로운 들판 여울 돌아
적막과 햇빛 황망히 청솔가지에 걸고
조상님 아래 부상 입은 척추몸 부리셨습니다
멍멍히 메아리치는 한 마디 말씀도 없이
응어리진 통한과 슬픔 눈감고 흙으로 가시는 날
아버님 혼백은 세상의 먼지를 모두 털고
어둠의 휘장을 걷고 자유로운 푸른 하늘로 날아
허무의 저녁하늘을 소지로 불태우는
노을이 되었습니다
그 노을마저 질 때 아버님 쓸쓸하지 않도록 저희도 곁에 있게
허락해 주시겠지요
만국기 날리던 주촌초등학교 운동회 같은
이 세상 잘 마치고 가겠습니다
흙으로 돌아가겠습니다.

— 「취토取土」 전문

이 시는 돌아가신 아버지에 대한 추모의 정념을 격앙되지 않고 차분한 어조로 독백하는 작품이다. 자식인 화자는 아버지의 지나온 이승의 삶을 담담하게 회상하면서 무덤에 취토를 한다. 아버지의 죽음을 자연의 질서로 고즈넉이 수용하며, 자식들도 미래에

저승에 가서 다시 만나 가족의 정을 나누리라는 따뜻한 세계관을 형상화하고 있다. 따라서 이 작품에는 죽음을 긍정적으로 인지하는 낙낙한 인생관, 그리고 순환론적 생사관이 표상되어 있다.

특히 이 작품은 아버지의 삶을 한국의 근대사와 교직하여 순차적으로 묘사하고 있다. 그 시상의 전개는 아버지의 장례 광경, 아버지의 삶의 궤적, 돌아가신 아버지에 대한 추모의 정념 등으로 구조화 되어 있다. 아버지의 장례 시기는 1월로 한겨울이어서 비극성이 고조되고 있다. 화자는 아버지의 죽음을 '흙에서 나와 흙으로 돌아간다'는 전통적 인생관으로 인식한다. 여기서 주목할 것은 '간다'는 동사의 이중적 활용이다. 우리의 삶을 길 도식으로 이해하고 있는 언어 용법인 것이다. 즉 아버지의 죽음도 '가는' 것이고, 살아남은 자들의 삶도 '가는' 것으로 언표되어 있다. 이는 삶과 죽음 모두 '간다'는 동사를 통해 동일한 행위로 수렴된다. 즉 삶과 죽음이 일원화되는 것이다.

아버지의 삶은 한국의 근대사와 맞물려 서술된다. 먼저 한국전쟁 당시의 위태로운 아버지의 행적이 제시된다. 아마도 군인으로서 한국전쟁에 참여하여 생명의 위기를 겪으며 살아온 아버지의 이력일 것이다. 또한 아버지는 자식이 홍수를 만나 '요천강'에 떠내려가는 가족사를 겪어냈을 것으로 보인다. 그리고 전쟁에서 당한 척추 부상으로 일생을 적막한 고통 속에서 살았을 것으로 짐작된다. 화자의 입장에서 보면, 그러한 아버지의 일생은 통한, 슬픔, 허무, 적막의 세계로 요약된다.

화자는 아버지의 죽음을 '흙'으로의 환원으로, 이승을 떠나 저승인 '하늘'로의 상승으로 인지한다. 죽음을 '흙'으로의 귀환으로 인식하는 것은 생사를 물질적 변화의 과정으로 이해하는 것이다. 예컨대 인간의 생사는 변화의 과정인 것이지 단절이 아닌 것이다. 죽음을 '하늘'로의 승천으로 인식하는 것은 이승의 속俗을 떠나 저승의 성聖으로의 긍정적인 변화로 이해하는 것이다.

그런데 화자의 아버지에 대한 추모의 정서는 돌아가신 아버지를 '노을'로 인지하고 있다. '노을'은 하루를 마감하는 상징으로서 낮과 밤을 공유하고 있다. 화자는 돌아가신 아버지에 대한 안타까운 추모의 정으로 인해 아버지가 여전히 가족과 교감하고 있는 것으로 인지하는 것이다.

화자는 마지막으로 '노을'마저 지게 되면 가족들도 '흙'으로 돌아가게 될 운명을 알고 있다. 그리하여 미래에 저승에서 해후하리라는 믿음을 통해 가족애를 확인한다. 이 시는 아버지의 죽음을 맞이하여 선명한 이미지 묘사와 구체적인 아버지의 일생을 통해 인생의 생사관을 긍정적으로 제시하는 가편이다.

김대곤 시인은 이번 시집을 통해 삭막하고 우울한 도시와 문명 속에서 삶을 치루는 현대인들의 고독과 우수를 서정적으로 묘파하고 있다. 자연과의 융합을 통해 평화로운 삶을 소망하는 현대인들에게 도시와 문명은 삶을 위협하는 근원으로 작동한다. 그리하여 시인은 문명과 도시가 야기하는 불온한 미래상을 사실적으로 경고하고 있다. 아울러 시인은 인간의 미래 운명인 죽음을 향하여 삶을 수행할 수밖에 없는 존재론적 숙명성을 근원적인 슬픔을 통해 서정적으로 형상화하고 있다.

시인은 현재 도시와 문명 공간의 불합리하고 부조리한 상황을 극복하기 위해 유년과 농촌 공간으로 회귀한다. 고향에서의 유년의 삶은 현재의 삶과 대비되어 평화롭고 긍정적인 세계상으로 다가오기 때문이다. 시인에게 농촌에서의 유년의 추억은 자연과 조화 융합을 이루는 순수한 풍경으로 각인되어 있다. 과거 유년의 순수하고 평화로운 삶에 대한 기억은 삭막하고 혼란스런 현재를 극복하는 촉매로 작용한다. 특히 농촌에서의 유년의 추억을 회상하는 시편들은 순수하고 맑은 서정성으로 인해 독자의 카타르시스를 자극하는 가편으로 기능한다.

김대곤 시의 대표적 특징 중의 하나는 시를 관통하고 있는 슬픔의 정조이다. 그 슬픔은 과잉되거나 인위적인 것이 아니라 은은하고 희미하며 자연스러운 속성을 지니고 있다. 그의 시의 매력은 슬픔을 가늘고 연약한 페이소스로 다룬다는 점이다. 시인은 현대인들의 삶에 배어 있는 근원적인 우수와 비애의 정조를 가녀리게 환기함으로써 부지불식간에 맑고 투명한 슬픔의 정서에 감염되도록 만든다.

또 다른 김대곤 시의 특징은 철저하게 몸소 겪은 체험을 질료로 작시한다는 점이다. 따라서 현실 체험에 깊이 뿌리를 내린 그의 시는 공허하거나 작위적이지 않다. 이러한 점 때문에 그의 시는 구체적인 이미지와 실감나는 묘사를 획득한다. 일상의 소소한 체험으로부터 빚어내는 시는 진솔성과 성실성을 환기한다. 따라서 그의 시집은 현실과 실재를 꼼꼼하게 기록한 비망록으로 비유할 수 있다. 현재와 과거를 끊임없이 배회하는 방랑자인 시인이 편안하고 안락한 거처를 영원히 찾지 않기를 바란다. 그리하여 희망한다. 앞으로도 더더욱 방황하고, 외롭고, 높고, 쓸쓸하기를.

김대곤

김대곤 시인은 전북 남원 출신으로 1994년 『청년의사』 신춘문예와 1995년 《전북도민일보》 신춘문예로 등단했고, 홍익대학교 산업미술대학원에서 사진디자인을 전공하기도 했다. 전북대학교 의과대학을 졸업하고 전북대학교 의학전문대학원 교수로 재직하고 있다. 시집으로는 『기다리는 사람에게』, 『그 도시의 밤안개』, 『겨울늑대』, 『야광물고기』, 『파충류의 눈』, 『가방 속의 침묵』 등이 있다.
『암반의 뒤척임』은 '인간성의 옹호'이며, 그 안간힘이고, 현대문명사회에 대한 전복의 움직임이라고 할 수가 있다. 한 손은 자신을 위한 것이 되고, 다른 한 손은 타인을 위한 것이 된다(「굳은 살」). 언어의 절제는 순교가 되고, 순교는 오점없는 명예가 된다. 『암반의 뒤척임』은 언어의 혁명—「최후진술」—이며, '시인-의사'가 온몸으로, 온몸으로 쓴 서정시집이라고 하지 않을 수가 없다. 마치, 모든 것을 다 주고 어느 날 "홀연히 떠나가는 탁발승"(「겨울단상」)처럼.

이메일 : daeghon@jbnu.ac.kr

김대곤 시집

암반의 뒤척임

발　　행 2016년 10월 25일
지 은 이 김대곤
펴 낸 이 반송림
편집디자인 김지호
펴 낸 곳 도서출판 지혜
　　　　계간시전문지 애지
기획위원 반경환 이형권 황정산
주　　소 34624 대전광역시 동구 선화로 203-1, 2층 도서출판 지혜 (삼성동)
전　　화 042-625-1140
팩　　스 042-627-1140
전자우편 ejisarang@hanmail.net
애지카페 cafe.daum.net/ejiliterature

ISBN : 979-11-5728-209-8 03810
값 10,000원